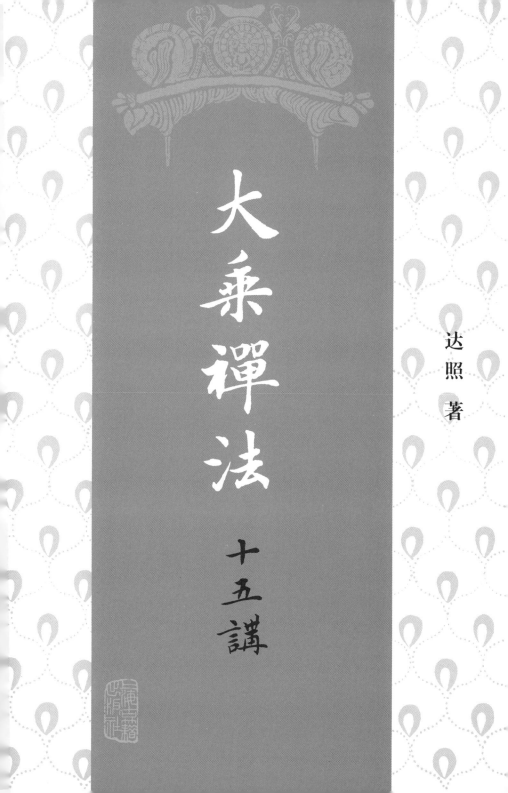

大乘禅法 十五讲

达照 著

图书在版编目（CIP）数据

大乘禅法十五讲 / 达照著. —上海：上海古籍出版社, 2018.12（2024.1 重印）
ISBN 978-7-5325-9043-8

Ⅰ. ①大… Ⅱ. ①达… Ⅲ. ①大乘—佛经—研究 Ⅳ. ①B942.1

中国版本图书馆CIP数据核字（2018）第270704号

大乘禅法十五讲

达　照　著

上海古籍出版社出版发行

（上海市闵行区号景路 159 弄 1–5 号 A 座 5F　邮政编码 201101）

（1）网址：www. guji. com. cn

（2）E-mail：guji1 @ guji. com. cn

（3）易文网网址：www. ewen. co

上海商务联西印刷有限公司印刷

开本 890×1240　1/32　印张 9.5　插页 2　字数 189,000

2018 年 12 月第 1 版　2024 年 1 月第 2 次印刷

印数：15,001 — 36,000

ISBN 978-7-5325-9043-8

B·1075　定价：38.00 元

如有质量问题，请与承印公司联系

序

　　本书所说的大乘禅法是指汉传佛教大乘宗派的禅修方法，主要包括了禅宗、净土宗、天台宗和真言宗，当然如果仔细说来也要包括华严宗的法界观、三论宗的中道观、唯识宗的唯识观，但是后三种观法需要专门的传承者才能够如法观修，一般行人则很难进入该类观法的禅修，所以这里就特指禅宗、净宗和台宗的禅修方法了。

　　近年来禅修活动备受人们的青睐，观其原因是多方面的，有的是因为心烦意乱想找一个安心法门，有的是因为工作压力太重想找一处释放减压，有的是想提高生命的内在力量从而获得宁静悠远的体验等等，不一而足。不管什么原因来禅修，总之是社会发展、精神提高的需求，也是社会文明程度在提高的表现。看到这种形势，我感到非常高兴。来禅修静心的人多起来了，浮躁动乱的情况自然也就会少了下去；身心安宁了，家庭工作生活环境自然就会更加稳定；传统文化复兴了，人类社会也就更加安稳，所以由衷地感到高兴！

　　与此同时，举办禅修活动的地方和组织也自然而然地多了起来，照理说也是一件大好事：有人需要禅修，有人举办禅修，供应和需求平衡了，那就会更加健康稳步地向前发展。但是，在仔细了解之后，我发现禅修活动举办的地方还是非常之少，根本满足不了社会大众的整体需求。尤其是正规的禅修活动还没有形成规模并有序有效地推行，所以一些投机取巧的人就有空子可钻了：各类商业活动也打着禅修的旗号，外来的瑜伽和冥想都穿梭在城市的空间，特别是各种各样的培训班和培训机构也都打着"宗教智慧"的招牌高收费搞培训，以心理疗法或催眠技术来大肆招摇，笼统都叫作禅修。这使得初学行人不知如何取舍，莫衷一是。从文化发展的角度看，这似乎是好现象，因为多元碰撞、融合，才能够产生精品而具有包容性格的新文化。但从佛法的纯正纯净角度看，那就需要佛弟子们为这个时代提供正确如法的禅修，为现代大众提供原汁原味和契理契机的禅法，这才是最应该做的一件大事。

佛法的核心内容就是戒定慧三学，佛法的全部内容也就是这戒定慧三学，可大可小，可多可少，都不能离开这戒定慧三学。戒学是基础，是学习佛法的前提条件，由此奠定由浅入深的修学体系的根基。定学是方法，是修行佛法的核心技术，所有佛法实修法门的各类禅法，都纳入到定学的范围内。慧学是目的，是学佛修行的终极目标所在，那就是解脱生死烦恼、证悟究竟菩提和最后成佛。明白了这三学的关系之后，在具备了戒学基础的情况下，最应该努力的地方就是禅法的修学了，因为这是佛法修学的核心技术，也是每个人甚至每个众生想要改变命运和提升生命境界的核心技术。

所以，应各位安福寺常住大众和网络学佛小组的邀请，我每个月抽一天晚上的时间，为大众宣讲安福利生禅修中心的方式与方法、境界与次第，希望能够对大乘禅法做一个浅显但准确的介绍，即根据自己修学的经验，尽量贴近现实人生的角度，阐释禅修的要点所在。同时，每次演讲结束之后，还跟网络学人进行互动，解答各位学人的疑问。一年多下来，积累了不少录音和视频。王丽萍居士发心将视频整理成文字稿，再进行校对、润色、核实、编辑成册，取名为《大乘禅法十五讲》，把所讲的关于禅法实修方面的内容集中编辑起来，使学人不用费劲地去看佛经祖语的文言文原典，也能从中获得禅修的一些相关知识，这也是现代弘法之所需。同时希望能把汉传佛教的禅修方式方法和修证次第尽量整理出来，成为有系统的完整的佛法修学书籍，利益更多的大众。

在此，特别感谢达如师兄多年来默默无闻地在网络上弘扬佛法，引导大家安住于正念的修习，并且发起网络禅修课程的语音和视频教学，使我有机会为大家宣讲大乘禅法！感谢王丽萍居士将之整理成书稿，同时也感谢孟琢老师等相关人士为本书的整理出版所付出的大量心血！祈愿佛菩萨加持诸位身心康泰，法喜充满，早日成就，普利人天！

达 照

二〇一八年农历九月十九观世音菩萨出家日

目　录

序……………………………………………………………………………………… 1

第一讲　禅修中心的修学方式与方法……………………………… 1

　　净化生命的核心技术 ………………………………………… 1

　　为何要建立禅修中心? …………………………………… 4

　　禅修中心的修学方式 ……………………………………… 5

　　从生命本质下手的方法 …………………………………… 8

　　直接相应佛功德的方法 …………………………………… 10

　　持名念佛与忆佛念佛 ……………………………………… 12

　　一句佛号　念兹在兹 ……………………………………… 15

第二讲　念佛禅修最重要…………………………………………… 18

　　修行之路始于禅修 ………………………………………… 18

　　净土宗禅修方法的殊胜 …………………………………… 20

　　提起佛号　老实第一 ……………………………………… 22

专修和杂修的不同 ·············· 23

专修中的正行和助行 ·············· 25

自傲自卑的心态障道 ·············· 28

念佛禅修第一重要 ·············· 30

第三讲 关键是信心具足·············· 33

唯依念佛 得度生死 ·············· 33

念佛心即是佛 ·············· 34

入手便是最圆满处 ·············· 36

改善身语意三业 ·············· 37

无条件的念佛 ·············· 39

克期取证的念佛 ·············· 41

关键是信心具足 ·············· 44

实相念佛的两种方法 ·············· 46

第四讲 真实不虚的般若智慧·············· 51

佛教的特质在于禅 ·············· 51

禅术之学和如来禅 ·············· 53

文字般若到观照般若 ·············· 55

利用般若口诀用功 ·············· 57

如何去观 怎样去照? ·············· 60

什么是真正的用功? ·············· 62

般若智慧的观照 ·············· 63

什么叫观照般若? ················· 66

什么叫实相般若? ················· 69

真实不虚的般若智慧 ··············· 70

第五讲 本自现成——就这样! ·········· 73

单刀直入的见性法门 ··············· 73

相逢不识　问客何来? ············· 75

截断众流的直指法 ················· 76

暗合道妙的大乘气象 ··············· 79

本自现成——就这样! ············· 81

无条件的生命——就这样! ··········· 83

如是降伏其心——就这样! ··········· 85

第六讲 豁开正眼的直指法 ············ 87

高标不群的顿悟法门 ··············· 87

被业力绑定的轮回路 ··············· 89

幽关黯黯不知春 ··················· 91

衣食无忧的顺解脱法 ··············· 93

诸佛法要非从人得 ················· 95

什么是连锥都没有了? ············· 97

扫荡一切妄念情执 ················· 99

重在见地透彻 ····················· 100

第七讲 了不可得 有何不了？ ……………………… 102

觅心了不可得 ……………………… 102

粘着多深 痛有多深 ……………………… 104

偷心不死的自留地 ……………………… 106

种种执着的凡夫心 ……………………… 107

当处常湛然的心 ……………………… 109

用功不受用的原因 ……………………… 111

只是一个舍字 ……………………… 112

不安的心就是妄想 ……………………… 113

"了"的两层含义 ……………………… 115

功夫在哪里做？ ……………………… 116

第八讲 心念演绎生命全过程 ……………………… 119

弃家逃离的凡夫 ……………………… 119

什么叫上根利智？ ……………………… 120

因缘果报丝毫不爽 ……………………… 122

以德报怨的天伦之乐 ……………………… 123

心念是有力量的 ……………………… 124

最圆满的念头 ……………………… 126

心念呈现一切 ……………………… 127

心念演绎生命全过程 ……………………… 129

心念是未来生命的导航 ……………………… 130

不怕念起 只怕觉迟 ……………………… 132

念头即是自性众生 ·· 134

罪性即是佛性 ·· 136

但莫憎爱　洞然明白 ·· 138

第九讲　轮回解脱的分水岭 ·························· 140

觅罪了不可得 ·· 140

稻草人只是稻草而已 ·· 143

世间规律的至道 ·· 144

摄别归总的修法 ·· 147

回到一念不生之前 ··· 150

至道无难　唯嫌拣择 ·· 153

全力贯注捅破这层纸 ·· 155

轮回解脱的分水岭 ··· 157

为道日损　损之又损 ·· 159

第十讲　什么能够捆住我们? ······················ 162

越拣择离道越远 ·· 162

唯求解脱 ·· 164

了解自己的生命么? ·· 165

是什么捆住了我们? ·· 167

粘住五蕴　动弹不得 ·· 170

给自己的心灵松绑 ··· 171

贼王就是第七识 ·· 173

什么能够把你捆住？ ……………………… 175

被执着绑架的凡夫 ………………………… 176

被佛法捆住的修行人 ……………………… 178

大到没有边际的心 ………………………… 178

皮肤脱落尽　独露一真实 ………………… 180

第十一讲　念佛心是佛………………………… 182

没有人能让你痛苦 ………………………… 182

心本来就是解脱的 ………………………… 184

什么是念佛三昧？ ………………………… 185

心能被捆住吗？ …………………………… 186

我不缚我谁缚我？ ………………………… 188

心空得了　智慧就来了 …………………… 190

阿弥陀佛的手机号码 ……………………… 192

从心而觅　感无不通 ……………………… 193

用不妄想的心念佛 ………………………… 194

念头的力量 ………………………………… 196

无边众生如何度？ ………………………… 197

念佛心是佛 ………………………………… 200

守一，入道的方便法门 …………………… 201

第十二讲　一行三昧的用功处………………… 205

凡夫日用而不知 …………………………… 205

什么是心中有佛？ ⋯⋯⋯⋯⋯⋯⋯⋯⋯⋯⋯⋯ 206

念佛心是佛心 ⋯⋯⋯⋯⋯⋯⋯⋯⋯⋯⋯⋯⋯ 208

摘下轮回的面具 ⋯⋯⋯⋯⋯⋯⋯⋯⋯⋯⋯⋯ 210

唯有用功 ⋯⋯⋯⋯⋯⋯⋯⋯⋯⋯⋯⋯⋯⋯⋯ 212

凡夫的生命景象 ⋯⋯⋯⋯⋯⋯⋯⋯⋯⋯⋯⋯ 213

什么是一行三昧？ ⋯⋯⋯⋯⋯⋯⋯⋯⋯⋯⋯ 215

生命的业风吹啊吹 ⋯⋯⋯⋯⋯⋯⋯⋯⋯⋯⋯ 216

真正的勇士 ⋯⋯⋯⋯⋯⋯⋯⋯⋯⋯⋯⋯⋯⋯ 217

一行三昧的用功处 ⋯⋯⋯⋯⋯⋯⋯⋯⋯⋯⋯ 219

不二就是一行 ⋯⋯⋯⋯⋯⋯⋯⋯⋯⋯⋯⋯⋯ 221

第十三讲　在起心动念处下手⋯⋯⋯⋯⋯⋯⋯⋯ 224

标月指惑人心 ⋯⋯⋯⋯⋯⋯⋯⋯⋯⋯⋯⋯⋯ 224

最大的问题是散乱 ⋯⋯⋯⋯⋯⋯⋯⋯⋯⋯⋯ 225

念佛一相三昧 ⋯⋯⋯⋯⋯⋯⋯⋯⋯⋯⋯⋯⋯ 227

天花板上的蓝天 ⋯⋯⋯⋯⋯⋯⋯⋯⋯⋯⋯⋯ 229

真正开始修行 ⋯⋯⋯⋯⋯⋯⋯⋯⋯⋯⋯⋯⋯ 230

在起心动念处下手 ⋯⋯⋯⋯⋯⋯⋯⋯⋯⋯⋯ 232

在化性上见功夫 ⋯⋯⋯⋯⋯⋯⋯⋯⋯⋯⋯⋯ 234

生命的本质没有隔阂 ⋯⋯⋯⋯⋯⋯⋯⋯⋯⋯ 236

知花空幻离即觉 ⋯⋯⋯⋯⋯⋯⋯⋯⋯⋯⋯⋯ 237

呵护每一个念头 ⋯⋯⋯⋯⋯⋯⋯⋯⋯⋯⋯⋯ 239

唯有就路还家 ⋯⋯⋯⋯⋯⋯⋯⋯⋯⋯⋯⋯⋯ 240

第十四讲 菩提自性 本来清净 ···················· 242

目不识丁的六祖 ···················· 242

时时拂拭的渐教法 ···················· 244

着相的细微之处 ···················· 245

菩提本无树 ···················· 246

应无所住而生其心 ···················· 247

抓不住的流沙 ···················· 249

若心有住 则为非住 ···················· 251

下流的凡夫 ···················· 252

不可思议的不住 ···················· 253

张嘴没话说 ···················· 255

虚空粉碎 大地平沉 ···················· 258

学佛没有好处 ···················· 259

拿什么成佛? ···················· 261

天下乌鸦一般黑 ···················· 262

除习气最好的办法 ···················· 263

六祖直指的方法 ···················· 264

第十五讲 但用此心 直了成佛 ···················· 267

破除假设的直指 ···················· 267

什么是假设? ···················· 269

宁可不悟 不可错路 ···················· 271

但用此心 直了成佛 ···················· 273

当下的这个 ·············· 274

不离不弃的这个 ·············· 275

扛着朝圣的旗帜流浪 ·············· 276

为什么要参话头？ ·············· 278

如灵猫捕鼠 ·············· 280

话尾——过去心不可得 ·············· 281

话头即第七识 ·············· 282

了了分明 不离当下 ·············· 285

就路还家最后一道门 ·············· 287

佛法是对九法界众生究竟圆满的教育。在这个教育中，最直接、最快使我们的生命得到提升的法门就是禅修，所以禅修教育的方式与方法，就显得尤其重要——

第一讲　禅修中心的修学方式与方法

净化生命的核心技术

在安福寺，我们提出了四大志业——安福禅修，安福养生，安福怀老，安福慈教。今天要与大家来分享的是安福禅修的方式与方法。禅修是佛法中非常重要的内容，也是佛法净化生命的核心技术。我们分四个部分来和大家一起探讨：第一是禅修中心的必要性，第二是禅修方式所对应的各种根机，第三是禅修方法的多样性，第四是现代禅修的出路。

禅修，是传统佛教走向现代佛教、东方佛教走向世界佛教的桥梁。佛法在世间已经有两千五百多年的历史了，千百年来，世人通过理论的学习传播与实践的传承受用，使佛法直到现在还活生生地存在于人类社会中。在我们每个信徒的生活中，佛法起到极其重要的作用，能够帮助我们去除烦恼、开发智慧。从佛教的历史来看，它经历了漫长的传播过程。佛法先是从印度传到中国，又从中国传播到东南亚和亚洲东部的韩国、日本（也有直接从印度传到日本的），这是汉传佛教；佛法从印度直接传到东南亚一带，形成了南传佛教；在唐朝时，佛法从印度传到中国的西藏，则是藏传佛教。汉传佛教、南传佛教、藏传佛教构成了世界三大语系的佛教。到了上个世纪，佛教又从中国内地、西藏和日本、东南亚传到了很多西方国家。欧美的学人接触到佛教之后，对于佛陀的智慧非常赞叹，许多西方人士对佛教产生了浓厚的兴趣。

佛法之所以能传播天下，生生不息，是因为早在两千五百多年前，佛陀就发现了宇宙生命的真理，这是世界的真相，也是我们生命运作的真相。我们都知道，世界发生了迅猛的变化，人类已经生活在小小的"地球村"里了。信息的传播速度非常之快，无论是大洋的彼岸，还是地球的另一端，发生的事情可能在数小时之内，数分钟之内，全球都知道了。但是，在这样一个高度发达、高速交流、高效传播的现代社会中，很多人对自己的身心状况却一无所知。现代人身心疲惫，抑郁症、亚健康、各种烦恼层出不穷。在佛法看来，这正是由于众生不了解生命运作的真相，因此破坏了自己的身心健康。佛陀以无尽的大悲心，观察到每一个众生都具有和如来一样的智慧德相,他们的本性无比的稳定与健康,但却毫不了解自己当下的身心状况。因此,佛陀和历代祖师大德,都苦口婆心,用自己的大慈悲心,为众生开出各种各样的回归本性的法门。

在中国佛教中,禅修是最主要的解脱方式与修行方法。有史记载,公元前二年,也就是西汉哀帝元寿元年,佛教就已传入中国。在两汉之际传入并经中国人理解的佛教,它的特点是根据中国人的思想来解读印度的佛法。到了东晋时期,鸠摩罗什大师翻译了印度中观学派的经典,才使中国人真正明了印度佛教的原本思想。从此以后,中国佛教大乘八宗相继成立,取得了辉煌的成就,适应了中国社会的各个阶层,符合全体信众的根器。从唐朝佛教兴盛直到今天,又过去了一千两三百年,在这期间,禅修始终是佛法传播的主要内容。

我们也看到,现代中国有很多寺庙只是在烧香拜佛,求菩萨保佑,求供养求福报,而没有禅修的场所与指导,也就是缺乏对心灵宁静的引导,缺乏对内心深处的慈悲智慧的开发,仅仅停留在信仰的表面。如果停留在这个层面,就会导致社会大众对佛法的误解,认为佛教就是叫人修福,叫人布施,仅仅只是劝别人做好事而已。但实际上,教人做好事,培养福德,集聚福德和智慧的资粮,仅仅是佛法的第一步呀!

佛法最为核心的内容是证悟。在每一个时代、每一个历史的阶段,都要有人对佛法亲身体证,并把这种体证的所得告诉大家,传播出去。这就需要有真实修证的人,把自己内心的成长经历,把自己如何断除烦恼、如何开发智慧,特别是如何开

发出真正无我大悲心的心路历程告诉大家。而且，这些经验都
要得到三藏教典的印证，才能够如理、如法、如量、如实地传
播出去，这是每一个时代的修行人的责任。

为何要建立禅修中心？

禅修不仅是弘扬佛法的必由之路，也是对治当代人心病的
大医良药，而我们禅修中心的建立，更适应了现代社会的生活
需要。在我们这个时代，所谓现代的生活方式，是一种群居的
生活：城市大规模发展，城乡一体化，大家喜欢聚集在人口密
集的地方。对于这种白天要上班工作，周末要休息，平时很少
有时间跑到深山老林里面去的人群，有一个相对固定的禅修地
点，就显得非常重要。我们安福寺的理念是"观压力群体，思
苦老人生，回安福家园，树东方文明"。这压力群体主要是指
领导干部、企业家、白领，还有知识分子和学生。社会发展越
快，他们的压力恐怕就越重。对这些人来说，必须要有一个减
压的方式，通过短暂地修学把生活中的压力化解，这是社会发
展的必需。

事实上，净化心灵的课题，在整个人类文明的开始阶段
就已经提出来了，应该持之以恒地坚持下去。所有的宗教、优
秀文化、古圣先贤的教育，无一不告诉我们，要从内心中得到
心灵的宁静，才能去开发外在世界美好的一切。按佛教的说
法，就是你先要证体，然后才起用——证得真如本体，把内心

中的污染、烦恼、恶念以及一切颠倒妄想都清理干净，看清它们的本质，本无所得。看到了无我的空性是如此的清净、不假造作，在这种状态下，再以无尽的大悲心，与众生分享法喜、分享快乐、分享智慧；用这样一种慈悲心来对待生活，对待工作，对待身边的一切人和事——这是我们应该不停地去追求努力的方向。在两千多年前，佛法就已经把这个问题分析得很清楚了，所以有那么多的祖师大德，在这条路上走向解脱、走向菩提、走向成佛。

我们现代人也需要对生命的终极关怀，需要解答生命中的终极问题。禅修，就是要针对现代人的生活方式和思维观念，根据佛经的教导，来净化、提升、认识、最终超越自己，开发出我们心中本具的智慧和慈悲。而禅修中心的模式，更是对传统的针对人口相对分散、居住在山林中的禅修模式的重新改造。这几年来，禅修法门在欧美等国家也很受欢迎。想要面向整个社会，把佛法的思想精要更好地传播出去，这确实是最为合适的模式。我觉得，安福寺禅修中心的建立，是佛法实证和自利利他的需要，是时代众生生活模式的需要，这正是我们建立禅修中心的原因所在。

禅修中心的修学方式

佛法是对九法界众生究竟圆满的教育。在这个教育中，最直接、最快的使我们生命得到提升的法门就是禅修，所以禅修教育的方式，就显得尤其重要。

我们安福利生的禅修方式是怎样展开的呢？比如说一日禅。从禅修的方式来说，一日禅就是让你抽出一天的时间，来进行简单的禅修学习，把禅修的一些要点，比如说怎么打坐、什么是七支坐法、禅修的基本精神是什么搞清楚，并通过实践，让自己这颗向外驰求、心猿意马的散乱心，收摄回归当下，认识自己内在的起心动念，甚至认识到自己起心动念之前的心灵状况。

一日禅除了听课、打坐，还可以通过茶道、香道、琴道等方式进行。收摄身心，集中注意力——在茶的味觉中，在香的嗅觉中，在曼妙音乐的听闻中，放下那颗曾让自己有所执着的杂染心，让这颗散乱的心得到一种净化和提升，这是一日禅的目标。

比一日禅更简单的是早晚功课。我们每天可根据自己的情况，抽出一到两个小时的时间，净化一下自己的心灵。有些人每天都要洗澡，有的还要洗几次，可是我们很少对自己的心灵进行洗澡。一次禅修，一个小时也好，哪怕是用五分钟的时间，对我们内心中的一些负面情绪进行观察并清理。通过这样一个禅修模式，让我们每天都能够沉浸在佛法的受用上，一日禅是一个最简单的方法。

第二种是三日禅，即一宿觉禅修营。我们前后已经举办过十九期，以温州地区为主，也有在温州和浙江省之外的。以后如果有条件，把同样的课程复制出来，可以在全国其他地方推广，也可以申请举办一宿觉禅修营。

一宿觉禅修营非常符合现代上班族的实际情况。利用双休日，学习感悟禅修的一些基本道理、方式，包括授三皈依，皈依共修，授八关斋戒。八关斋戒当天授完以后，过午不食，就好像短期出家——出家一天。这样一个周末，让紧张劳碌了一个星期的上班族，过上一天清净放松的生活，这是最适合现代人禅修的一种方式。

第三种叫七日禅，也叫打七。七天是一个周期，当我们的一种习惯、观念在坚持一个星期以后，基本上就会定型了。所以，打七对我们每一个人来说，都是非常重要的一种方式。大家可根据自己的时间安排，每年可以选择七天的时间，来参与我们的打七。我们以后要长期坚持这种方式，或者说在不同的道场、不同的寺庙，每个月都有打七的时间，甚至打几个七。无论是念佛七、禅七，还是诵经，用七天的时间，让自己调整转换一下生活频道和心态。

第四种是十日禅。"十"是一个整数，代表十全十美。在十天的时间中，根据佛经的指导，给予一定强度的培训：将佛教的历史和一些基本理论，禅修的方法、次第传授给大家。就像现在的内观禅一样，内观禅目前在国内、国际上的影响都很大，实际上它也是通过十天的时间，让自己克期取证。这是一种非常有意思的方法，时间也不是很长。

我们希望以后有十日禅，还有半月禅，半月禅实际上就是两个七加上一天报到的时间。我们从 2008 年一直到 2014 年，每年都举行两个七，这是心中心的打七。还有其他的方式，也可以选择两个七，你只要能够拿出半个月时间，就可以根据这半个月的时间来进行课程安排，这样会比十日禅的内容更加深入。以后还会有一月禅、三月禅、半年禅，甚至一年、三年或时间更长的禅修。

安福寺禅修中心的全部教程，实施的是九年制教材，课程内容选择好了，根据禅修的具体时间长短分别安排。比方说，大家每年的年休假最方便自己安排利用，我们就随顺这个时间段，安排禅修活动来方便大家，这样一种方式会更适合现代人。佛法应该有更加灵活的方式，而不是一种单调死板的模式。因为众生不同，所从事的职业不同，生活的环境不同，各个阶段的心态不同，能够自己掌控的时间也不同，要根据众生的这种种不同来安排禅修活动。

从生命本质下手的方法

接下来向大家介绍一下禅修的方法。禅修的方法实际上有很多，佛说八万四千法门，门门都能够成佛道，如果不能够成佛的，那就是方便门。但是你只要进入了方便门，从方便门再继续努力，就能达到究竟了。我们在《楞严经》里面看到，二十五圆通就是在不同的地方下手用功，具体是六根、六尘、六识、七大。

六根是眼、耳、鼻、舌、身、意，六尘是色、声、香、味、触、法；六根和六尘相对之后产生六识：眼识、耳识、鼻识、舌识、身识、意识。比方说，眼根同色尘相对之后产生眼识。七大是地、水、火、风、空、根、识。六根、六尘、六识、七大加起来二十五个，这是佛陀观察到的凡夫众生所有的生活模式、生活状况和生活范围，每一个地方都可以作为下手用功的地方。

比如说眼根，就可以在眼睛能看见外面的眼根这里用功：你不要执着眼根是我的，你只是看到这个眼根——我能看东西的这个是什么？把所看的东西忘掉，这叫回光返照。看着看着，对外物视而不见；视而不见，心就不会受外界的尘埃所污染，眼根慢慢地就会清净起来。耳根也是这样，在耳朵能够听到外界声音的耳根这里用功：我们所听见的声音叫声尘，把声尘忘掉，将注意力回光返照，看自己能听的这个，在这个地方保持清清楚楚、明明白白，这叫返闻自性。久而久之，心自然就特别清净。诸位可以随时感受一下，眼睛不看外界，耳朵不听外界，不是不看，不是不听，而是无论你看到了什么，无论你听到了什么，都要把所看到、所听到的忘掉，将注意力往里收，观照随时都呈现在我们眼根、耳根上的这个能看、能听的功能。

《楞严经》的二十五圆通内容很丰富，只要学会了一个圆通，所有的二十五个都能够圆通了。比如说，在眼根上用功，当眼睛看到了外物，而又把外物忘掉，注意力只是在眼根这里，那么外物无论是好看的、难看的、喜欢的、讨厌的，统统不关你的事。你能看的这个，它只是很清净的感觉，不需要去分别，也不需要去劳累。这样，当你注意到眼根它原本就有能看的这个功能，清晰、明了，而且一尘不染，这个时候六根同时都很清净。当你六根同时清净的时候，外界的六尘就不会来侵扰它。六尘不来侵扰它，六识的分别性——分别执着的妄想，也自然就戛然而止了。

所以，六根当中任何一根清净，其他几根都会清净。六根清净了，六尘也清净了；六尘清净了，六识就更加清净了。六根、六尘、六识都清净了，地、水、火、风、空、根、识七大也就清净了。所以二十五圆通，其中一个圆通了，其他的都会圆通起来，不需要你眼、耳、鼻、舌、身、意一一去注意。六根当中，随便注意到哪一根，把所注意的东西扔掉，这个时候，你的六根自然也就不跟六尘纠结在一起，身心一片清净，六根门头能看、能听、能说的功能依然是放大光明，这就是二十五圆通的修行方法。如果大家能够多学习一些佛经教理，将《楞严经》的关要大意理解清楚了，再去用功，这样才是最直截了当的、最快速的，因为这是从我们的生命本质下手的。

直接相应佛功德的方法

第二种禅修方法，是净土宗念佛的方法。这种禅修的方法，从我个人的传承来说，我最初修的就是净土法门，专念阿弥陀佛。我刚出家的时候，因为看到了《阿弥陀经白话解》，佛告诉我们：这个世界是一个五浊恶世，人们的思想、观念和行为充满了杂染和逼迫，对于时间、空间、寿命、福报都非常的不自在，所以叫五浊。在这样一个五浊世界里，大家眼睛一睁开，就在分别好看的、难看的；耳朵一竖起来，就听到各种噪音，有喜欢的，就有讨厌的。这颗妄想的心无时无刻不在颠倒、攀缘里面，所以叫五浊恶世。当我们对西方极乐世界、对阿弥陀佛生起深切的信仰，对释迦牟尼佛介绍给我们的阿弥陀佛产生无比敬爱的时候，我们就生起了往生西方极乐世界的信心——这颗心已经不受娑婆世界的污染了。

如果再进一步关注自己的妄想，一心念阿弥陀佛，一边念，一边内心就很清净；一边念，一边就把自己所有的妄想都净化掉了。在第六意识的妄想上，用一个念佛的妄念，去抵挡其他所有杂想的妄念。虽然念佛也是有念，也是第六识，但全妄即真。因为念佛的这个妄念，只念了佛，佛是没有人我是非，没有对立烦恼的。佛是三十二相、八十种好，无量功德、万德庄严、百福自在，佛就是这样的一个生命。所以当我们念佛的时候，我们就把佛的这种圆满的果德，植入我们的内心深处。此时，我们的整个生命都是通过这个心念绽放出来的。

我们的身体、家庭、事业好不好，看到的这个世界是美丽的，还是丑恶的，全都是由我们的心作为一个方向来导航、引导的。所以这句阿弥陀佛，很多人都忽略了，不知道它的圆满究竟，以为这个东西太简单了，只是老太婆念念的。殊不知，这句佛号是阿弥陀佛跟释迦牟尼佛以无上大悲、无量智慧总结出来的无上妙法，没有比念佛的法门更加圆满的了。因为你的心念什么，就会呈现出什么样的状态：念菩萨，你的心呈现的是和菩萨相应的法界；念善，就是人天的境界；念恶，就是三恶道的境界；如果你善恶都不念，就是无记。所以只有清清楚楚地念，既不是无记，也不是善法、恶法，才能够直接跟佛的功德相应。

持名念佛与忆佛念佛

把净土法门作为禅修的方法，可以在两个地方下手用功。一个是持名念佛。大家能把一句佛号念起来，而且最好能够昼夜不停地念，念得自己风吹不进，雨打不透，妄念透脱，身心自然会轻安自在。直接念这句佛号，对于善根浅薄或者说中下根机的人来说，这是唯一能够让我们了生死的方法。从有相上下手，又从有相的西方净土那里得到往生，这是我们最殊胜圆满的一个方法。当然，在持名念佛的方法中，还有追顶念佛和记数念佛等等。持名念佛，或者慢念，或者快念，关键是把我们所有的想法和念头净化掉，使之融入这句佛号里面，这也是我们汉传佛教中最直截了当的修行方法。

另一个下手用功处，就是忆佛念佛。在二十五圆通当中的《大势至菩萨念佛圆通章》中，佛告诉我们要净念相继。清净的念头如果相继，只有这颗心牵挂着阿弥陀佛，这就是忆佛念佛的用功之地。

　　怎么牵挂呢？我们大家都知道牵挂的滋味，"才下眉头，却上心头"。现在我们把牵挂的对象变为阿弥陀佛，心中好像有一个绳头，这头在我这里，那一头就交给阿弥陀佛。虽然嘴巴没有念，也没有佛的相貌，但我在这里讲话的时候，心里是牵挂着阿弥陀佛的。我们在做事、闲聊，甚至喝咖啡的时候，你都可以心里默默地，毫无表情、毫无表现、隐隐约约地将佛放在内心当中。在忆佛念佛的时候，世间的人我是非、爱恨情仇，统统都不要牵挂。不迎不拒，来了就来了，去了不再攀缘。无论是什么妄想，都是以这种态度对待它。然后，生活和工作照样进行，用自己最好的状态、最美的愿望和最充分的力量，去对待生活中的方方面面。但无论怎么对待，我们内心只是牵挂着阿弥陀佛；无论经历什么境界，此心依然不动，不落尘埃，随时随处都能够感受到阿弥陀佛清净的无量光、无量寿，庄严、清净、平等、觉这样的状态。

　　这种方法比持名念佛还要高明，因为持名的方法，心里必须把阿弥陀佛念出来，念清楚听清楚，你才会受用，如果不念你就会无记、傻傻的了。但是忆佛念佛不同，你心里牵挂着阿弥陀佛，时时刻刻总好像有根绳子拽着自己。拽到哪里去呢？拽到阿弥陀佛那里去。有这样的感受，我们在待人接物、迎来送往的时候，就会发现自己这个念头——牵挂阿弥陀佛的这种感觉，就像是整个人生的一个背景音乐一样。什么叫背景音乐呢？我们照样讲话，照样在做事情，但是那个音乐一直在放着。你注意它，你会发现它存在；你不注意它，你还一样在这里干活做事。当心牵挂着阿弥陀佛的时候，我们所做的一切世间事，都好像是表面的，背景的这个音乐就是西方极乐世界的阿弥陀佛。在外在的相上，好像也有爱恨情仇，也有是非苦乐，来者不拒，去者不留，但仔细看自己的心在哪里。"青山原不动，白云任去来"，心还是在阿弥陀佛那里。这样忆佛念佛的功夫就会越来越深，你的生活也会越来越自在。忆佛念佛的功夫不深怎么办？你一开始需要提起觉照，有意识地让自己把心牵挂在阿弥陀佛那里，不要牵挂在世间的五欲六尘中，每次只要一忘记，就这样提醒自己。

历代祖师大德对净土法门都情有独钟，从北魏著《往生论注》的昙鸾大师，到唐朝的善导大师，再后来一直到净土宗第十三代祖师印光大师，都在弘扬净土法门，悲心切切地指导我们净土法门的修行。可以说，在汉传佛教历史上，除了宋朝，禅宗直指见性，开悟的人非常之多，难以计数——当然它所面对的是中上等根机的人。要论三根普被、利钝全收的，只有净土法门。所以大家不要小看了净土法门，以为太简单、太容易了，甚至怀疑会有那么大的功效吗？我们平常自作聪明惯了，总是以为复杂、难的东西才是效果好的，不知道最简单、最有普遍性的才是真正的真理。真理是很简单的，比如说，人世间、六道当中，所有的思想理论体系，无论你怎么说，其实就是一句话——改恶向善，六道世界的所有价值全部都在这里了。你能把恶改过来，把善呈现出来，那是人世间唯一有意义的生活方式。无论是哪一种宗教、哲学、科学，哪一种生活模式，都是让我们把生命中不好的、痛苦的消除掉，把好的、快乐的、正面的开发出来。

一句佛号　念兹在兹

净土法门三根普被，以最简单的方式，把最博大精深的佛法、特别难懂的禅观，全部融入在简简单单、不需造作的这句佛号上。我们知道这句佛号具足多大的功德吗？事实上，当你念一句佛号的时候，你的整个世界已经跟佛的世界一样呈现出来。我们因为还固守在自私自利的我执境界里，所以觉得不太受用；如果你能够把这一句佛号念得清楚，念一段时间，或者一年，或者半年，就会发现自己的妄想越来越少了，心变得清净了，智慧和定力自然与日俱增，生活的世界、所处的环境也是越来越好，越来越趋向圆满。因此，净土法门是我们禅修实践中最重要的一个方法。《大势至菩萨念佛圆通章》里面的忆佛念佛和持名念佛，也可以结合起来，我们今后也会花大气力去提倡和引导，希望我们都能够通过禅修的实践来净化自己。

在佛教历史上，无论是下根之人还是上根之人，上到文殊菩萨、普贤菩萨、观音菩萨、大势至菩萨，下到贫民种族、一字不识的愚夫愚妇，都能从净土法门中得到受用。不但是人，就是一般畜牲，都能够有因缘念佛，而且得到往生。特别是在我们汉传佛教的历史上，念佛法门——专念一句阿弥陀佛，修净土法门成就的人，不计其数。这在各种《往生传》里有非常丰富的记载。有些人在农村里面，一辈子什么地方也没有去过，就是念一句阿弥陀佛，临终之际，预知时至、寿终正寝；把自己的后事安排得干干净净、清清爽爽，念着佛号往生了。甚至更厉害的，有些默默无闻、平时看不出有什么名堂的，最终因为念佛而变成金刚不坏体的也大有人在。所以大家一定要通过这种方式——念佛的方式，让自己的心尽快地回归到净土，而不要在娑婆世界、在三界的苦海中轮回流浪，这是非常关键的事情。

如果你有能力把这句佛号念起来，念的清清爽爽，当然是最好的；如果你能力不够，业障重、烦恼多，也要只管念佛，总比不念好。如果你的善根再深厚一点，有因缘学习佛法教理，或者说有能力参禅，把自己内心中无明的状态参清楚了，这个时候再来念佛，一心求生西方净土，禅净双修，这样进步就会非常快，比只是念佛还要更快一点。如果你能够忆佛念佛，找到心里时刻牵挂着阿弥陀佛的这种感觉，那就赶紧把这颗心牵挂着西方净土，不要再留恋娑婆世界的种种幻想。因为娑婆世界的境界无论多好，总有一天要跟我们拜拜的。

净土法门的修学，所要具备的是三资粮。第一是确信，确信西方极乐世界，确信自己一定能往生，确信阿弥陀佛的愿力不可思议，确信自己的心也不可思议——我念佛就能往生，往生就能成佛，直到成佛都不退转。第二要发愿，愿意去西方极乐世界，愿意解脱生死轮回，因为娑婆世界的全部内容就是生死轮回，只有解脱生死轮回之后，才能把我们生命中本具的真诚、清净、庄严的身心呈现出来。第三是行——实修，我们一心念佛，从早到晚，从晚到早，无论吃饭、穿衣、睡觉、走路、上厕所、洗澡、睡觉都可以念。如果影响到别人，或者在肮脏的地方，我们就在心里默念；其他情况下，无论出声念、金刚念、默念都可以，只要心里有佛。特别是烦恼来了，立刻要用这句佛号去转换。

安福禅修方式是多样的，方法也有很多种，我主要是依据四宗的修行方法，第一宗就是净土宗，这也是我从出家一直修学到今天，还是要念佛，还是要求生净土的原因。所以我再次希望大家不要小看净土法门，把心随时安住在佛号上。

阿弥陀佛！

如果我们能够清楚自己到底有多少善根福德，有多少散乱、烦恼、业习的障碍，就会笃定地认准这三根普被的净土法门——

第二讲　念佛禅修最重要

今天同大家谈一谈禅修中心的次第与境界。事实上，禅修的次第和禅修的方法是可以结合起来学习的。

修行之路始于禅修

佛法探索的是宇宙生命的真相。我们因为不了解宇宙和生命的真相，对生命中各种美好的德性缺乏认识的能力，更不能有效地开发出来，所以沦落为没有智慧的状态，在内心中充满了贪欲、仇恨、恐惧等种种负面情绪。所以，佛陀教导我们要从自己的内心去发掘，开发出我们心中的美好德性。

那么，如何去开发呢？佛法告诉我们要以戒定慧三学来完成。其中，戒学是基础，定学是方法，慧学是目的。所以佛教如果作为一门学问的话，它就是一门充满智慧的学问。按照牟宗三教授的说法就是：佛教是实践的智慧学，而且是人类古今中外一种最圆满的实践智慧学。这门学问除了以我们必备的人品、道德、持戒为基础外，最为核心的方法就是禅修。

在佛法中，所有关于修行的内容都可以统称为禅修。一个人如果没有进行禅修，实际上他还没有进入到佛法的修行。就像有些人做善事，做些布施，烧个香、拜个佛、念念忏悔文，或者听经闻法、看书思维，这一切跟佛法相关的活动，都是在做修行的准备工作。它们是修行的基础工作，跟戒律是相应的，能够有效地规范我们的基本行为。但事实上，真正开始改善自我，开始走向修行的道路，必须从禅修开始。戒是修行的基础，定是修行的核心技术。在戒定慧三学当中，禅修属于最核心的部分，起着承上启下的作用。

凡夫通过禅修来转换自己杂乱无章的心念，让身心情绪稳定下来，慢慢地达到开发智慧的目的。禅修的前提是我们要能够遵守戒律，确保人品道德没有问题，然后才开始进行自我生命的改造。如果想进一步开发智慧，明了宇宙法界的真相，明了佛所证悟，乃至圣贤所证悟的境界和智慧，则必须通过禅修才能获得。

所以，禅修方法在佛教的各个宗派里面都是最为核心的大事。比如我们的安福禅修，根据修行佛法的传承，我最初就是从净土入手，无论是我的师父还是我所亲近的善知识，都是叫我要一心念佛，求生西方。而且净土法门从唐朝开始直到现在，在汉传佛教大乘佛法的开展中起到了举足轻重的作用。实修的人，得到佛法实际受益的人，净土宗是最多的。当然禅宗也不少。佛陀在世时，八万四千法门因机施教，只要对众生有帮助，佛陀便因材施教。佛陀灭度以后，历代的祖师大德，也是根据不同文化背景下众生的根器，给予了很好的传承和教育。

净土宗禅修方法的殊胜

净土宗的禅修方法，既简单又圆满，既方便又究竟，实在是一个不可思议的无上圆满、无上快捷的禅修方法。哪怕我们不经意间念一句南无佛，只要善根成熟，就能得到解脱。平常念一句佛号，能灭八十亿劫的生死重罪，能让我们这颗心从攀缘外境转向希求佛境。这对调伏妄想烦恼的攀缘心来说，是立竿见影的。特别是那些信愿恳切的禅修者们，只要你静静地念着这句佛号，正在念佛时，心念耳闻，既不随妄念走，又不压妄念，来也不喜，去也不忧，来去自在，一切随缘；一句阿弥陀佛，绵绵密密、清楚明了，自己的内心就能随时体会到轻松、平等、无所求、无所得的境界。

对于净土法门的殊胜，净土宗历代的祖师大德都有非常详细的描述。他们的悲心切愿，就是让我们能够因该果海，果彻因源。从我们因地心当中，与阿弥陀佛果地觉巨大的功德同时相应，用阿弥陀佛的佛号所具有的万德庄严——无量光、无量寿，来转换我们五浊恶世凡夫的妄想分别之心。所以，这句阿弥陀佛如果能念起，即古人所谓"若人称念弥陀佛，号曰无上深妙禅"，这就是最好的禅修方法。

对于这种禅修方法，要知道三个基本要点：信、愿、行。信愿行三资粮缺一不可。从信心而入，从愿起修，一心持名。这三个条件非常简单容易，最怕的是我们自以为是，固执己见，不念佛号，却在那里念妄想颠倒、是非人我，无法真正地用功夫。只要你信愿恳切地念，能念所念开始清清楚楚，最后圆融一体，能所双亡，就会顿入如来大光明藏。

古人说："诸恶莫作，众善奉行，三岁孩童虽说得，八十老翁行不得。"这句佛号的道理也是如此。虽然三岁的孩童也能念，但问题就出在我们不老实、不肯去行。如果我们能够老老实实地把这句佛号放在心中，只需要听清楚心里的这句佛号，吃饭、穿衣、走路，指方立向，就是西方极乐世界阿弥陀佛，我们内心所呈现出来的就是与佛相应的境界。所以《观无量寿经》说："是故汝等心想佛时，是心即是三十二相、八十随行好，是心作佛，是心是佛。"

在念阿弥陀佛的时候，你清楚地听到了这句佛号，当下什么想法都没有，这个心本来像虚空一样，什么痕迹、什么形象都没有；这个什么都没有，就是我们心的本质，犹如蓝天，犹如虚空，不动不摇、无相无为、不生不灭。这句佛号听上去却是清清楚楚、明明了了，它即是阿弥陀佛无量光、无量寿的万德圆彰。此时，我们的心跟阿弥陀佛无量功德的心一模一样，无有丝毫的欠缺。

提起佛号　老实第一

很多人觉得自己善根深厚、文化高深，看不起这句佛号，以为念佛是不懂佛理或者是没有文化的人念的，其实大错特错！文殊、普贤、观音、势至、龙树、马鸣等多位大菩萨，智者、善导等大德高僧，都曾经因念佛心而进入佛法的三藏宝海，并以念佛心来摄持这个世界的凡夫众生。我们如果能够清楚自己的善根福德，明白自己到底有多少障碍——业习、散乱、无知，控制不了自己的情绪，在这些障碍的干扰下，想去修习其他非常精细的禅法，或许还有一定的难度呢。虽然一切法都是佛法，只要对机都可以得到受用，但是净土法门是三根普被的无上妙法。有些人觉得学净土的好像没有什么境界，殊不知没有境界才是最高的境界。心本无生无造作，就是没有境界，有境界通通都是妄想颠倒！所以，当你的心里没有任何执着、概念，只有这句佛号清清楚楚、明明了了——阿弥陀佛、阿弥陀佛、阿弥陀佛，此时这个心，跟阿弥陀佛乃至西方诸佛的真如本心如出一辙。有的时候，是我们的自我意识太强大了，没有办法体会到佛心原来是如此简单。如果你能够把凡夫的自我意识、自我知见通通放下，把贪欲、嗔恨、愚痴、傲慢、怀疑当下了断放下，这就是大智慧、大善根，就会有不可思议的受用。这个时候，你想要体会到宇宙法界的真理，也会非常容易。有些人看上去能说善道，文采非常好，才学很高、脾气很大，最终还是一点都不受用；有些人没有文化，也难得听几次经，但是他生性老实，听法即能受用，受用就能去用功，用功便自然得利益。因此，印光大师反复强调，修净土没有别的诀窍，只有"老实念佛"是最好的诀窍——实实在在地把这句佛号念起来。

我希望我们的出家师父们，有空应该带领大家共修，一起念这句佛号。有条件就打佛七，没有条件就打佛三——念三天，实在不行就二十四小时把这句佛号念下去，方式可以多样。如果是在家居士，上班的时候需要全心全意工作，下班后赶紧念佛，走路、开车或者做家务，所有简单的事情，都可以用来念佛，可以在心里面念，也可以念出声来。只要在不影响别人的情况下，就可以很清楚地念这句阿弥陀佛。如果不是这样，我们念佛的功夫平时是很难提起来的。

专修和杂修的不同

念佛法门，首先要懂得信愿行三资粮，二是还要了解专修和杂修的不同。专修就是发菩提心，一向专念，指方立向，此生别无所求，惟求往生西方极乐世界，绝不退转、不退却、不怀疑、不夹杂、不间断，让自己这颗心持续地向着西方极乐世界全身靠倒——把自己当成一棵树，树生长的方向就是西方极乐世界。随便什么时候，念与不念，做与不做，这颗心都靠倒在西方极乐世界的方向。这棵树什么时候倒，随它去，只要不离开这个方向就好。让自己的心，无论遇到顺境、逆境、好事、坏事、烦恼还是快乐，始终向往着极乐世界。要反复地去感受它：自己的身心已经靠倒在极乐世界了。无论是孝敬父母、恭敬师长、慈心不杀、修十善业，还是受持三皈、具足众戒、读诵大乘、劝进行者，种种行为都回向净土，这叫专修。

杂修就是不断怀疑，见异思迁，不能一门深入地老实用功。听说净土非常好，就念佛求往生，但没几天，又听说参禅可以直接开悟，便又欣慕开悟不想往生了。再后来看到娑婆世界的众生很苦，想想还是留在这个世界度众生吧，不自量力，其实自己还在生死苦海里挣扎呢！他想生生世世留在这里去救人，殊不知留在这里一转世，由于自己是属于不定聚的众生，定力不够，所以一转世就迷掉了。另外有一种人，听说密宗玄妙神秘，上师的加持力大，就追随上师求上师摸顶加持，得到些许福报，然后对上师的信心倍增，也不向往求生净土了，或者又要往生什么香巴拉净土。还有一种人，因为无始劫造作的无数善恶业感召，难免会有一些不如意的事情发生，一开始念佛信心还算坚定，后来由于自己的业障现前，在不顺利的时候，往往又去求神问卦，连世间的鬼神都相信和依赖，所以佛号生疏了，求生西方极乐世界的愿心也淡薄了，根本方向迷失了。还有一些人，听这个法师说有道理，听那个法师说也有道理，听来听去听糊涂了：既然说轮回是苦，又说一切都是实相；既然说凡所有相，皆是虚妄，又说极乐世界无量相好。本来佛所说法，都是针对不同执着的凡夫，消除我们心中的执着障碍，可是这些人，喜欢东听听、西看看，学习佛法不能系统地理解，不能从整体上去把握，浅尝辄止，断章取义，盲人摸象，摸多了，反而把自己搞糊涂了。

在修行的道路上，这些都叫杂修，虽然也在修，但是他的方向变来变去，临终时，千人中难得一二往生，万人中难得三四往生。如果是专修的人，一人修行一人往生，千万人修行千万人往生，没有不往生的。

很多人没有分清楚专修和杂修的区别，杂乱无章没有方向感，所以很难得到念佛的真实受用。释迦牟尼佛和阿弥陀佛，悲心恳切，持愿弘生，一个推我们出火宅，一个接我们入莲池。如果我们还是半推半就、左顾右盼、拖泥带水，只能说自己的善根福德不够啊！所以，一心修行决意此生了脱生死的，依净土法门绝对没错。关键是专修才能够真正受用，杂修可以种善根，要想成就很难。

专修中的正行和助行

对于禅修中的净土法门，要懂得信愿行三资粮的重要性，专修、杂修两者的区别和效果，除此之外还要明白，专修当中有正行和助行的区别。

　　正行就是一心专念，将最圆满究竟的净土法门落实在我们的持名念佛上，专念一句阿弥陀佛，别的万事不管，这叫正行。无论是持名念佛、观相念佛还是实相念佛都好，但是以持名念佛更为圆满究竟。持名念佛，就是念"阿弥陀佛"四字，或者念"南无阿弥陀佛"六字也可以。心能专注地念一句佛号，与佛相应，所以叫正行。助行就是《观无量寿经》里面所说的净业三福。所谓净业三福，就是我们除了念佛号以外的其他的一切修行，包括诵经、打坐、持戒，包括孝顺父母、恭敬师长、慈心不杀，也包括我们平常所修的十善业：不杀生、不偷盗、不邪淫、不妄语、不贪、不嗔、不痴等在生活中所有的一切善行。种种能够帮助我们更有效地修行，更加精进、专注地提起佛号，更加自在地放下世间的杂染而趋向净土的行为，都是助行。

　　不要认为净土法门除了一句佛号是专修，其他的都是杂修，那是没有深悟佛法所讲的含义。即便你吃饭、穿衣，也是在帮助我们更有利地念佛，也是属于助行。因为念这句佛号，需要精力充沛，所以你在休息的时候，如果能够回向净土，连休息、睡觉也是在帮助我们更有利地修学净土。所以，助行是指你往生净土的决心、方向没有改变，一个方向忆念着、记挂着西方净土，这时你所有的行善积德、所有的禅修境界，都可以回向西方。所有的功德都回向西方净土，这都叫作专修。所以大家一定要记住：专修与杂修、正行与助行不能混同起来，正行和助行都叫专修。

　　专修跟杂修的区别是：专修方向确定永不改变，包括大家的听经闻法，在生活中做一些善事，好好地工作，为国家、社会、众生，为自己的家人、朋友，为任何一个众生，你能付出牺牲一点，以这点付出牺牲的功德回向净土，这都叫作助行，能够帮助我们往生。就像一棵参天大树，它的生命活力源于树根，然而，仅一根根茎是不够的，必须要有好多微细的根茎，为这个核心的树根生发助力，共同使这棵大树得以健康茁壮地成长。我们在修行路上不会随便动摇信心，一心求生净土，也同我们不断地听经闻法、禅修、思考、行善、培养福德有着非常重要的关系。如果一个人，他仅知道念佛，却不懂得闻法，也不懂得做好人、做好事、跟别人结善缘，没有不断地积累福德，那么他在修行的路上就会有很多的违缘障碍出现，影响他专注地一心念佛。所以，我们大家平时再忙，有机会也一定要听经闻法、持戒、吃素、放生，点点滴滴都要去做，然后全部回向净土，这个全部就叫作专修——包括正行和助行。

　　专修的人，如果能够将深信切愿落实在自己生活的言行举止中，这一生决定能够得大成就——往生西方净土。只要能够往生西方净土，无论什么样的善根，到了西方都不会退转，直到成佛，比我们这个世界上任何一种修行都直截了当。因为解脱道的法，即便你成了阿罗汉，还要回小向大，最后才走向菩提、走向成佛，通途法门要一步一步地走上去。而净土法门只要往生，就是位登补处，直到成佛，不会退转，这是禅修方法中的净土法门一个非常殊胜的地方。

　　我之所以要这样苦口婆心地说，是希望大家如果有因缘听闻到大乘禅法，听闻到净土法门的微妙殊胜，如果对自己的生命解脱没有百分百的把握，那么还是来个双保险吧！一边禅修，一边把禅修的功德回向净土，使我们这一生最后能够往生西方净土。即便是已经能够确保自己这一生得到解脱，也还是往生西方净土最好。因为往生西方净土，它有四土：小乘阿罗汉解脱了往生净土，是方便有余土。如果是大彻大悟的菩萨——明心见性、证得诸法实相、现世就能够利益无边众生的菩萨，没有任何障碍，去也没有去，生也没有生，但是往生净土的心没有停止，指方立向，坚定明确，一定就是往生西方净土，直接往生的是实报庄严土。如果是大菩萨，在这个世界烦恼断尽成佛了，往生净土是常寂光净土——西方净土的四土当中最高的一层。所以，我们千万不要小看了净土法门。

自傲自卑的心态障道

　　信心非常重要。当下生起决定的信心，让决定的信心来引导自己念念不忘往生西方。信心具足了，然后根据每个人自己的情况，有条件念佛就多念，没有条件念佛可以少念，但是要尽力去念。在工作、吃饭、穿衣中，甚至在睡觉当中，也可以从内心中向往着极乐世界。这样你往生净土的心越坚固，对娑婆世界的执着也就越轻，执着减轻了，最终往生也就越自在。这个世界没有人吃亏，也没有人占便宜的，你向往极乐世界的心多，你留恋娑婆世界、流浪在生死苦海中的心自然就会减少；如果你留恋娑婆世界的心特别重，对名利、财色、感情的想法太多，就会要么自傲，要么自卑。自傲时瞧不起或者看不惯别人，自卑的时候又觉得自己横竖不行，自傲和自卑全是修行路上的拦路虎。

既不要自卑，确信自己决定能够往生，能够成佛，也不要自傲。事实上，每一个众生本质上跟佛一模一样，没有谁好，没有谁坏。在丰富多彩、无穷无尽的因缘上，人生只是酬业而已。每个人都是随过去生中业力的不同造作，感召了这一生不同的因缘。不同的因缘，如家庭出身、文化背景、成长环境、接触的人，又自然感召出不同的以品行为核心的长相、爱好、脾气秉性等等，都是缘起。所以，一切众生在本质上是平等的，没有哪个人特别好，也没有哪个人特别坏。当我们觉得自己比别人好的时候，自傲的心就生起来了，就会看不起别人。当我们觉得自己不如人的时候，自卑的心就生出来了，失去了应有的自信。这两种心都是修行路上最大的障碍。

修行中有两种心是必要的。一个是自信心，确信自己决定能够成佛，毫不怀疑。自信心很重要。另一个是谦虚心，虽然知道自己决定能成佛，但自知自己妄想颠倒一大堆，人我是非免不了，只是一个凡夫。对一切人要有恭敬之心，对自己要严加看管，特别是要把握住自己的心态和起心动念：既不自卑，又不自傲；既能够谦虚，又能够自信。谦虚跟自卑完全不一样：自卑是一种负面的情绪，越来越难受；而谦虚是一种宽宏大量，是一种包容，是一种永远认自己的错、找自己不足的态度，只有这样，才能够勇猛精进地改过自新。自傲和自信虽然很像，但本质上完全不同。自傲的人，他一定是以己之长而形人，以己之多能而困人，瞧不起这个，看不上那个。而自信的人不会跟别人比，他相信自己本来具足、决定能够成佛，相信因果真实不虚，自己精进努力地去念这句佛号，一定有能力在临终时心不颠倒、意不散乱，一定能往生西方净土。自信心和谦卑的态度会使我们迅速地进步，而自傲和自卑会让我们的内心和修行陷入一个停滞不前的陷阱里面。

所以，大家对于净土法门既要自信，相信自己，相信阿弥陀佛决定能接引往生，又要谦虚，知道自己功夫不够，念念不忘念佛，闲言杂语休着口，不关修行解脱的事情尽量不做，而能够帮助往生的种种助行，如培养福报、福德，哪怕是种种善根，也应该努力地去做。

念佛禅修第一重要

我们把净土法门的实修作为禅修中心一个主打的禅修方法，实在是非常必要的事情。从目前整个社会环境来看，南传佛教的禅修、藏传佛教的禅修、西方的禅修和我们汉地的禅修，都有人在弘传。无论是过去还是现在，修净土的人非常之多，受用成就的人也非常之多，也不乏有很多大成就者。但是由于文化对外交流多了以后，各宗各派的法门大家都在弘扬，难免让我们有点眼花缭乱。特别是在我们知见不正、根基不牢时，情绪上有一些波动也是正常的。这种情绪波动表现在，心里怀疑嘀咕：自己修净土是不是不相应呢？是不是要改一改法门？

我觉得，大家作为在中华民族优秀文化背景下成长起来的汉传佛教的弟子，大乘八大宗派每一宗的修行都适合我们。然而末法时期，五浊恶世的客观环境不容忽视，世俗的五欲六尘浊浪滔天，我们想用自己的智慧和定力抵挡外在的诱惑，或者分辨出正法与邪法，难度是很大的。我们大多数都不是专门的修行人，专门的修行人，比方说出家人，能够在一个如法的修行道场用功。如果不是在一个如法修行的道场里，每天赶经忏、做佛事，自己也不懂得用功了生死，这个另当别论。能够在一个如法的道场里面用功修行，是非常难得的，有这个条件，要让自己抓紧时间好好用功，回向净土。然而在生活中，特别是一些居士，繁杂的工作、社会活动和家庭生活会让自己花去很多精力，剩下来用功的时间非常有限。如果想把整个佛法的体系完全掌握，出家人还要专职学习个十年八年，在家居士就可想而知了。在这种情况下，如果想修行其他的法门得到成就，除非是根性特别利的人，一般人是很难将自己的生死大事搞定的。所以我觉得，如果自己有工作、家庭，或者自己还有很多事情需要应酬打理，修净土法门是最相应不过的。只要你信愿具足，念兹在兹地一心念佛，决定能够往生西方净土、解决生死大事；只要生死大事解决了，其他的都是顺理成章的事。如果生死大事没有解脱，我们依然还在轮回受苦，就算你禅定功夫再深，四禅八定都有，临命终时升到天上去了，待天福享尽后依然还要掉下来，要堕落的。惟有往生净土，横超三界以外，从此永断轮回。只要不再轮回，我们就能够生生世世都不离佛法，不离三宝，不离修行。只要往生净土，就没有退转。如果没有往生净土，或者说你在临终的时候没有了脱生死，那我们的来生是没有任何办法保障自己还能够继续用功修行的。对于这一点，我们一定要清晰、深刻地了解自己——无始劫轮回至今，你到底想干什么？无论想干什么，你未来的生命，都是靠这一念心慢慢地去改变、改善、最终超越自己的。

在安福禅修当中，第一重要的禅修方法就是净土法门的念佛禅修。我们希望在家居士利用周末念一天佛，二十四小时一句佛号念到底。也可以利用上班前、上班后的时间，为自己定三次念佛课程，一次课程可以半个小时，也可以一个小时，根据自己的情况。也可以根据已有的条件为自己定一个具体数字，每天念多少声佛号，要求自己坚持不辍。平时有空，要让自己经常提起正念，提多了以后，不要担心佛号念多了会影响做事情，事情随缘尽力去做，也一定会做好。关键是你不做事情的时候，这颗杂乱无章的妄想心有地方安顿了，久而久之，身心渐渐地稳定了下来。将心猿意马难以控制情绪的心，反复训练为稳定、澄清的状态，这是佛法的一个核心技术。

核心的禅修我们共有四种，今天给大家介绍的是第一种：念佛禅修。

阿弥陀佛！

> 念一句佛号，即便是一个不懂得佛法修行的人，入手便是最圆满处：从生命的最本质处、最核心处、最究竟处去改善，这是净土法门最最殊胜的地方——

第三讲　关键是信心具足

唯依念佛　得度生死

上一次跟大家介绍了安福寺禅修中心的方式，其中讲到净土法门的修学要点，以及净土法门的殊胜之处。古德说："末法亿亿人修行，罕一得道；唯依念佛，得度生死。"我想这句话非常有针对性。末法时期，人们根钝、障重、福薄，心气容易浮躁，思想又总在混乱之中；物质世界五花八门、色彩斑斓、目不暇接。因此，想要回光返照究其心源，是非常不容易的一件事情。就算自己有善根，想回归生命内在的本质，也常常会被外在环境的各种人事纷争、名闻利养所纠缠，难以脱身。但是念一句阿弥陀佛，却不需要顾虑那么多，二六时中，在在处处都可以出声或默念一句佛号。时时不忘记，就能把一切妄想、分别、执着，一切的忧悲苦恼都转换成与阿弥陀佛相应的功德宝藏。所以，汉传佛教的历代祖师大德，都大力地弘扬净土法门。天台宗尤其重视净土法门，针对末法时期众生的根器，给予了圆满的诠释。

净土法门包含了通途法门的一切修行、证悟、解脱、弘法度众生，直到成佛的教理体系。虽然看上去简单，其实，它从每个人的起心动念之处开始转换，直到最后彻证菩提，也不离佛陀的究竟本怀，不离十方诸佛的一切修证境界。因此，净土法门真是一个无比圆满殊胜，同时又十分简洁方便的法门。当然，今后我们会根据每个人不同的因缘条件，提供不同的修行方式，给予不同的指导。有些人适合先培培福报，一边工作、做事、生活，一边念佛，生活、工作、修行三不误。有些人可以采用克期取证的方法，到寺庙里参加打佛七，或者更长远一点的参加净土的闭关，如百万洪名十日精修。最难的是修学《般舟三昧经》里面所说的般舟行。这些都是净土法门在实修过程中所采取的各种方式，其中最关键的地方，是要把修行的方法掌握好，将真信、切愿、实行这三资粮落实在我们每个人的生活中。

念佛心即是佛

修行不能等外缘成熟后才去修，而是要随时从内心中生起修法的渴望。至于修法的实践，无论是持咒、诵经还是念佛、观照，其中最方便、最直接的就是念这句阿弥陀佛。净土法门的修学是从起心动念之处最直截了当地转换自己，而且一转换，就直接同阿弥陀佛光寿无量的福德智慧完全相应了。你只要信心具足地去念佛，就是在宇宙万有生命世界最核心、最内在、最精要的地方开始改善自己。这和由外及里的修行是截然不同的，由外及里的修行，是先修布施、持戒、忍辱，做很多好事，而且做得有点辛苦——从外在有相的分别心去改恶向善，慢慢地把过去无始劫形成的习气一点一点加以改善，直到最后才涉及心灵的世界，涉及内在的起心动念和无我的境界，把慈悲心和无我的空性见开发出来。而净土法门则是单刀直入，信愿行三资粮具足——真信切愿是我们内心深处的信仰和愿力，一心行持，念一句佛号，念佛心即是佛啊！《西方确指》里面说，能念所念，都能顿入如来大光明藏。能念的心没有妄想，所念的本身就是佛，心和佛完全融为一体。比如说，我们在念阿弥陀佛的时候，阿弥陀佛、阿弥陀佛……此时，阿弥陀佛就是我们的心，我们的心就是阿弥陀佛：除了阿弥陀佛外，找不到另外的心；除了这个心以外，也找不到另外的阿弥陀佛。你在心里念着阿弥陀佛，阿弥陀佛就是你心里的佛——因该果海，果彻因源。心是我们整个生命最核心的导航，这个时候，我们整个生命、内心的深处已经开始净化了。

入手便是最圆满处

如果你已经依据修行法门在用功，并且身心得到安顿了，一定要坚持下去。如果你还不懂得怎么修行、如何用功，我的建议是：除了听经闻法、做义工或做事情以外，时时刻刻都要将这句佛号提起来。修行不要东想西想，见什么都想学，而是要很单纯地通过这句佛号来净化自己。只要你每天坚持去念，慢慢地就会发现这句佛号确实是个无价宝藏，并且始终没有离开我们。只要你随时能提起来，佛号的功德不可思议——我们的心同佛的无量功德时刻相应，在这样一个清净、平等、觉的境界中，六度万行、慈悲喜舍四无量心，一切美好、善法就会源源不断地流露出来。因为这些法是我们生命本具的，念佛只是让我们的无价宝藏一步一步地得到了开显，如此而已。

我们每天都应该以轻松的心，慢慢地念起这句佛号来，这是净土法门最最殊胜的地方。一个法门，即便是一个不懂得佛法修行的人，入手便是最圆满处——从生命最本质、最核心、最究竟的地方去改善，这是净土法门同其他任何法门不共的殊胜之处。在末法时期，我们希望大家能够根据自己的情况，工作时需要动脑去思考没有办法，在日常生活中，尽量少打妄想，把宝贵的时间用在念佛上。特别是人际关系处理不好的人，心里还有怨气、纠结、牵挂的人，更要加强念佛的力度。因为世间这些拉拉杂杂的葛藤，会消耗我们很多宝贵的生命能量和时间。要通过一句佛号，将这些与我们生命本质无关的想法和杂念全部净化掉。不需要另起炉灶，不需要去跑寺庙，或者问跑到哪里去才能够用功修行，只要把生命中这些杂染的东西一点点放下，称念佛号，让自己的心与佛菩萨的功德一点点相应，特别是同阿弥陀佛所具有的无量功德去相应。日常用功，一边听经闻法学习教理，一边做做事情：听闻经教可以开智慧，做做事情可以培养福报。智慧、福报有了，主题还是下功夫老实念佛，随时随处做功夫来净化自己的生命。

念佛有持名念佛、实相念佛、观想念佛、观相念佛等不同的方法，其中持名念佛也有很多种，如追顶念佛，就是一句追一句地念；也有般舟三昧这样的念法；也有用梵音唱念的；也有默念，就是放在心里面念，比方说在不干净的地方，或者上厕所、洗澡、睡觉、在公共场合等最好都是默念。也可以念出声来，在比较干净的地方、不干扰到别人的地方，我们尽可能大声地念；共修时，只要节拍念起来不抢别人的音调，不会让别人起妄想，念出声有念出声的功德。当然，默念也有默念的功德。

改善身语意三业

大家如果有时间每天可以打打坐。当你打坐的时候，身体也很像佛，盘腿坐在这里时，身语意三业同时都在修行了。有空的时候，也可以拜拜佛，到佛堂去拜佛也好，在家里拜佛也好，用身体来至诚恳切地顶礼阿弥陀佛。身体礼拜阿弥陀佛，口里称念阿弥陀佛，意念里面想到的还是阿弥陀佛，这样身语意三业全部直接跟阿弥陀佛相应。三密相应，进步一定是最快的，断烦恼自然也最快，得禅定功夫受用也是最快的。身语意三业中，意业比身业和语业更加重要，因为意业就是我们的思想。我们的起心动念，就是我们未来世界的导航。我们的起心动念如果是佛——跟佛相应，未来的世界就跟佛完全相应，因和果是同时的；如果意业离开了佛，而想到的是菩萨度众生，就跟菩萨境界相应；如果我们的意业是念着罗汉，想着罗汉那样解脱自在，就跟解脱道相应；如果我们只想行善积德，那就是跟人天法相应；如果我们内心充满了贪欲、嗔恨、愚痴，不知道用功，日子一天一天就这么混过去了，就是跟畜生道相应。

所以，用功是在不同层次上改变自己的生命状态，就像现在很多心理学和一些灵性修养方面的书，也都能够改善我们，只不过这种改善不是很究竟罢了。因此，我们在修行佛法的时候，要从身语意三业去改善自己，只有身语意三业得到了净化和改善，修行才算是有了真正的受用。如果大家只懂得培养福报，这仅仅是打基础而已；如果你只懂得听经闻法，这是开始理性地了解佛法。只有你开始在内心中认识、改变、净化、超越自我了，才算是真正懂得下手用功，并得到佛法真实的受用了。因为修行、学习佛法的目的，无非是要净化我们的生命，帮助一切众生提升生命的质量，把我们本来具有的生命功德真正地开显出来。

无条件的念佛

净土法门的殊胜，只有大家心甘情愿地放下妄想颠倒去念佛了，真正用功了——一句一句地念下去，一念相应一念佛，念念相应念念佛，才能得到真实的受用。一到三年，或者一两年念下来后，你会非常明显地发现自己的身心状态大为改观。我们内心已经完全被佛化了，被阿弥陀佛融化并转化了我们的生命质量。所以，这种修行方法是非常值得我们去努力推广的。

在实修的过程中，我们可以采取多种形式，最常见的一种形式叫一心不乱。我们随时想到念佛，念到一心不乱：随时想，随时念，念兹在兹。这个是最直截了当的，不用刻意要打七念佛、闭关用功，或者要打坐几个小时，都不需要。你只要一提起警觉马上就念，无论走路也好，睡醒了也好，睡觉之前也好，跟人说话也好，随时随处一想起来心里就念。只要有条件，随时就把这句佛号提起来，就是一句阿弥陀佛，超越了时间和空间，超越了情绪——随时随地无论什么心情，一想到阿弥陀佛，马上就提起来，只要你一念向佛，你的内心就跟佛的无尽功德相应了。有时我们会嘀咕：自己念佛是不是进步了？有没有进步自己还搞不清楚。事实上因和果是同时的，你心里想什么，你的心跟什么样的缘相应，你未来的生命就是添加了这些缘。在念佛的时候，你的心跟佛的功德相应，你的生命就已经开始与佛感应，佛的智慧和德能慢慢地在你的内心中开始被开发出来。

这种用功，最重要的是不选择时间，不选择空间，不选择人物，不选择心情，这四种都不需要选择。在师父面前，在道友面前，在信佛的人面前，在不信佛的人面前，不需要选择，在任何人面前都不需要选择。然后早、中、晚，无论你是年轻的、年老的，无论在什么时间，都不需要选择；空间么，是指无论在家里、庙里，干净的地方、脏的地方，都不需要选择。你每天是快乐、痛苦，还是郁闷纠结，什么情绪也都没有关系。无论在哪里，无论是什么状态、什么情绪，你只要把这句佛号提起来，就已经是在生命最核心的地方开始转换自己了。这个法门真的是很简洁啊，随时一提，而且方法确切无误，你会把握得很牢靠。不像参禅，告诉你参禅的方法，到底是用对了还是用错了，自己也不知道。当然你要是学精通了，会知道自己怎么去用功的；没有学精通，参禅有时候是搞不定的。密宗也是一样，从五加行开始修个十年八年，修完五加行以后，还有各种闻思，像外三乘、内三乘的修法。当你自己觉得都修好了，接下来还想继续用功，还是要从自己的意识，从内心里面去转换自己，当然这个转换的方法也是有的。禅宗要破本参、破重关、破末后牢关，都是在内心中这个核心的地方去下手。而净土法门直接把佛的境界、佛的功德、佛的感应通过佛号，好像电报的密码一样，直接放在心中，把我们心中本有的佛一样的功德相应地开发出来。所以下手最简单，功夫却是进步最快。特别是有空就念，默念也好，出声念也好，想起来就念，无论在什么地方都可以念，如果影响别人就默念。这是一种方法，适合真正信心具足的人。

克期取证的念佛

上面讲的是常规念佛，就是随时随处，无论什么心情，无论什么对境，都把这句佛号提起来，随时提、反复提，这叫常规修行，是不用选择时间处所的。一句话，就是无条件地念佛。如果是一个专修的方法，那我们不但要在家里，在任何环境中时时刻刻想到就念，而且要在每年或者每个月中，或者每个星期中，根据自己的情况，选择特定的时间，集中用七天打一个佛七，或者在三天时间里面专念，或者一天二十四小时念佛不停，或者行念佛般舟。这是一种特殊的修行，就是我们要选择一定的时间克期取证，打七天念佛七，或者十天里达到百万洪名。或者是在一个月、半个月内，哪怕有一天的时间专门念佛，时间确定下来后，彻底放下世间的一切杂七杂八的事物，让自己的身心全部收摄起来。如果在家里有条件修，在家也可以，或者在寺庙由师父带领举行念佛七、净土七、拜忏等，凡是属于净土专修的一些活动，都可以前去参与。让自己这颗心，放下世间一切善恶好坏的分别法，彻彻底底地只是同这句佛号相应。因为世间善恶好坏的分别法，通通都是轮回的法，你做得再好也摆脱不了轮回。做得好，轮回在三善道，会帮助我们顺解脱，但是如果你没有成办解脱，即便做得再好，也只是报在三善道，依旧在轮回中；做得不好，下了三恶道就更加恐怖了。所以在克期取证的时候，要把世间的一切葛藤，包括一切有相的修行，比如布施、持戒、诵经、拜佛，或者是其他的，通通要把它忽略掉，只求自己达到一心不乱。因为净土法门的殊胜，最大、最快的感应，就是你能够一心不乱地念这句佛号。《无量寿经》里面叫一向专念，《阿弥陀经》里面就是若一日、若二日，乃至七日，一心不乱，称其名号。

　　一心不乱的要求是什么呢？当我们的心里什么妄想杂念都没有了，这个叫南无阿弥陀佛。你的内心很专注，没有妄想，这个时候念起来的佛，它是充遍你整个身口意三业的。如果你有妄想，只是在做嘴巴上持名念佛的功夫，内心并没有真正得到净化。我们不需要借助任何的外在条件，随时都能提起这句佛号，这是通常的修法。大家只要认可生死轮回之苦，想要解脱，就应该努力地去做到。如果在生活中我们有福报，可以悠闲地生活，我们就要选择一定的时间。如果有寺庙、道场举行佛七的活动，前去参加当然是最好的。如果周围没有这种净土法门的佛七专修活动，那我们也要在每个星期，或者每个月，或者一年当中，利用节假日、假期或者空闲的时间，关起门来让自己一心一意地去用功，从早到晚、从晚到早二十四小时念佛，让自己能够争取达到一心不乱。就是所有的妄想杂念境界现前，不管是好的境界、坏的境界，喜欢的境界，还是不喜欢的境界，通通一概不理，或者通通把它回向净土，回向往生西方。这样内心跟佛号随时都容易相应，也叫克期取证。

选择特定的时间，让自己在佛号中，在自己的内心中唤醒我们跟佛菩萨相应的本具功德。有时候一个人学佛十年八年，经书也看，讲法也听，善知识也求，到处去拜师父，经常到庙里逛，像朝山团一样四处朝山拜佛。但是真正落实在心地当中，一点功夫都没有，遇到事情或烦恼了，马上心随境转，严重的甚至还会怀疑佛菩萨是不是在保佑我，佛菩萨有没有这种功德。这些都是没有真正克期取证，功夫很少，佛法的受用很浅。究其原因不外乎固执己见，把自己的思想观念牢牢地困在那里，难以进步。而如果有真信切愿，懂得净土法门，一定不会小看了这句佛号：虽然它很简单，三岁小孩子都能够念得出，但是念"阿弥陀佛"四个字，或者念"南无阿弥陀佛"六个字，当下念的时候，所具有的生命质量的提升和改变，并不是三岁小孩能够理解的。虽然方法很简单，但原理却非常深奥。我们不需要懂得太多的道理，能懂多少算多少，明理是开智慧，持好戒是培养福报，然后一心念佛。通过两种方式：一种是让自己能够随时随处都提起佛号，这是最实用、进步最快，也最容易达到一心的方法；另外一种是帮助自己速成的方法——克期取证，念佛用功是可以速成的。通过一个七天或者两个七天，集中时间放下身心世界的一切妄想杂念，一心念佛，念到哪里算哪里，什么境界现前都一概不管，只知道一句佛号跟我相应，这样就好了。

关键是信心具足

这里我想跟大家强调的一点是，净土法门这么殊胜，平时在用功的时候，大家要将思路理清楚，看自己对净土法门的信心是否已经具足。我们不要小看这份信心，以为三岁小孩、八十老人都能念佛，好像没有什么奇特的嘛。其实，我们的生命每天吃饭、穿衣、走路，每天起心动念、思考问题，实际上都是非常的不可思议，都是很奇妙的。只是我们见怪不怪，已经习以为常了，所以不懂得珍惜宝贵的生命。往往有时候一不小心，就把自己这么宝贵的生命浪费掉了，荒废了很多的时间和精力，跟别人去计较、去算计，在内心中积累了很多的贪心，或者积累了很多的仇恨，或者是很多的伤心和难过。这些贪欲、自私、纠结、脾气暴躁，心地狭劣，不能包容别人，都是我们生命中的负面情绪。如果你能够一心念佛，很快就能转换这些不良情绪。佛号念多了，佛号的力量强大起来，轮回的念头就会减少。佛号念得少，功夫做不上来，学佛也会学得有气无力。

我们居士学佛，如果想很系统地像上学一样学下来，还是很难的。绝大部分人都是有什么书就学什么，遇什么人就跟什么人学，只能是随缘地去学一些，不大可能按照非常严密的计划，一步一步地去完成。出家人有这个条件，所有的时间都可以用来修学，但是出家人也有很多繁忙的事务，或者各种因缘，也未必能够真正地天天在那里学。但是，我们都是开卷有益，遇到佛法的时候随缘去看，去开智慧，看完了就会理解懂得一些。有些人觉得自己什么都懂了，就是用不上功，有些人学了很久了，还是觉得佛法很深奥、很难懂，最重要的一个原因，就是没有在内心深处去改变自己。如果我们对佛号信心很足，就会在内心最深处去改变自己。这句佛号一念，阿赖耶识里所有的一切染污，都被这句佛号净化、转换过来。你生命内在的所有功德，将会慢慢地开显出来。这种改造需要在日常生活中日积月累，不是一口就能吃出来一个胖子的，你要一口一口地慢慢吃，吃到最后才能成为一个胖子。修行也是一样，不是你念了两三天佛就要上西天，而是靠你长期的积累，每天都把佛菩萨的功德开显出来，把三途恶道——地狱、饿鬼、畜生的贪、嗔、痴、慢的种种障碍改变化解，或者直接把它转换为成就众生的功德。

无论我们过去做了多少坏事，通过自己的修行，都已经转换成佛菩萨的功德了。这种功德，实际上是有因果对等的关系，我们是看不见的。凡夫的眼睛看不见念这句佛号有多少功德，世俗当中有些通灵的人，有时候他们能看到。无论什么人在什么时间、环境，只要内心很清净、纯净地去念这句佛号，整个身心都会充满光明。大家平时可以自己尝试一下，比如说，你很清楚地关注自己念佛的声音，关注自己的内心，关注自己的起心动念，关注到自己没有任何想法，就是一心地这样念佛：阿弥陀佛、阿弥陀佛……然后你再回光返照，看看自己正在一心念佛状态的时候心是什么样的。这颗心的当下其实就是充满了光明。因为你念这句佛号的时候，周围都很清楚，自己也很清楚：很清楚自己的身心，很清楚外在的世界。但就是不可思议，不能用什么语言去说，只是这句佛号一直在念，也不需要用话去形容念佛怎么样。真正去改变自己，不是靠嘴巴去说，而是靠自己的身、语、意三业的配合，用意业去引导，也就是一心不乱地去念。只有这样去念，佛号念着念着，阿弥陀佛的功德——阿弥陀佛名号本身所具有的无量光、无量寿的功德，这种因缘就在我们心中具足。有因必有果，我们内心具足了跟佛相应的这个因，将来就会成熟同佛相应的果报。其实心想净土的时候，一心念佛，将来的果报也就是在净土。只有你真正地静下心来，观察自己的心，一心念佛，心里只有这句佛号，别的什么都没有：阿弥陀佛、阿弥陀佛、阿弥陀佛……念得清清楚楚，体会得也清清楚楚……只要你去念，整个生命质量的提升就会非常快，很多不懂的道理，也会慢慢随着你念佛功夫的深入，自然而然地迎刃而解。

所有念佛的方法里面，我们最好是采用持名念佛的方法。持名念佛，它是把佛的功德聚集在这句佛号上的：出声念，身口意三业都相应；默念，意业相应；身体能够拜佛，能够拜阿弥陀佛，身口意三业都在相应，进步当然是最快的。

实相念佛的两种方法

除了持名念佛最快以外，还有一种是实相念佛，大家也可以去用功。如果你听闻佛法有受用，用实相念佛也是可以的。什么叫听闻佛法有受用？就是念佛的原理、佛法的道理已经听懂了，用自己的心真正地一心去相应。听懂了佛法是什么？就是诸佛如来正遍智海，能入一切众生的心想中，一切众生的心想也就是诸佛如来的心想。一切众生的心想不离十法界，不离十如是，不离诸法实相，而诸佛如来的境界，也不离诸法实相。诸法实相的十如是如果完全明白了，就会清楚我们当下的每一个念头都与实相不相违背。既然每一个念头，世间的善恶好坏，一切的妄想念头，都不离开这个实相，更何况是阿弥陀佛的名号。所以，虽然念一句阿弥陀佛，却是跟实相相应的，这叫实相念佛。

它只是契入实相，并不需要特别刻意地把"阿弥陀佛"四个字念出来。在理上明白了实相的道理，契入实相与实相相应后，还要把契入实相的感觉回向西方净土，这才叫净土宗的实相念佛。如果你能够契入实相，却不想往生，那就不是净土宗的实相，不是横超三界，而是要按次第地一步一步去证得的。如果你能够全心全意地契入实相，然后按照实相的理回向净土。比如说，诸法实相就是十如是：相、性、体、力、作、因、缘、果、报、本末究竟。当你的心像镜子一样，眼前所出现的各种境界就是相。所有的境界都有它内在的关联，有它内在的属性，这个性就是它的性能。每一个事物的存在都有它的性能，这就是性。有了这个性，它的本体是什么？就是体。一切相的本质都是空，都是无我。无论哪个人，他执着或者不执着这个我，也都是无我的。虽然无我，但是按照因果规律，一定会形成自己的行为，一定会有强大的力量在那里。这些力量，没有显发出来的是力，显发出来的叫作，就是作用。我们讲话、做事、各种行为动作，都是要靠内在的力量支持它，如果你内在没有力量，它自然就显发不出来。因此，相、性、体、力、作这五个正好是从有相到无相，从一切法的本质到一切法的妙用，这些内容全部包含在里面。然后它有因、缘、果、报，就是每一个事物的存在，都有它的前因和后果，有跟这件事物相关联的众生、人和事，关联了以后就会有所反应。比如说你内心造作了一个行为，最后相应的果报呈现出来了，相应的觉受就是报，客观的结果叫作果。因、缘、果、报四个字是所有事物存在的一种规律，在这个因、缘、果、报的背后，其实透露了本末究竟。本，就是一切法以无我、无住为本；末，就是一切相，所以凡夫一着相，就成为枝末了。从相到本体，从本到末，从末到本，本末的一切法都了如指掌，这叫本末究竟。

当我们明白了这个实相的道理，净土法门修行实相念佛有两种方式：第一种方式，不是嘴巴上称念阿弥陀佛的名号，而是提起觉照——实相的观照，也叫实相中道观。实相中道观一提，空有全无，世间所有的分别都没有了，言语道断、心行处灭，这个时候的内心就与实相相应，跟相、性、体、力、作、因、缘、果、报非常相应，非常相似，身心完全自在了。然后把这个状态回向往生西方净土，阿弥陀佛最终接引我生西，这叫实相念佛。所以，对于明悟实相的人来说，修净土是很方便的，只要发一个愿，随时随处这个愿不停，就像是朝向确定的一棵树，无论什么时候把它砍下来，它都会朝那个方向倒下，这就是发愿往生西方净土非常坚固的决心。这是第一种实相念佛。

第二种实相念佛，就是一边念着佛号，同时看到念阿弥陀佛的相，念阿弥陀佛的性，就是念佛的功能，看到能念所念的本质犹如虚空，这是它的体。一边念阿弥陀佛，同时又知道念佛也需要力量，念佛能念出来，也是过去生中种的因；再念阿弥陀佛这句佛号，力后面的作用就在你的实相中呈现出来了。所以通过称念佛号，就把诸法实相的内容跟这句佛号融为一体：一边念佛，一边向往西方；一边念佛，一边清楚生则决定生，去则实不去，来去自在、无来无去，跟实相完全相应。一边念佛，一边跟实相相应，求生净土也是非常容易的。

当然，实相念佛的功夫，比起前面的持名念佛确实要难得多。难在哪里呢？第一种即便是只观想实相，回向往生净土，他也需要懂得实相的道理，需要听闻经教、如理思维的智慧。第二种念着佛号，藉此观察诸法实相的十如是，让自身融入实相当中，这不但需要念佛本身的信愿恳切、一心专注，还要有能够明了实相的能力。一提起佛号，就能够知道实相的部分是怎么回事，这样去持名念佛虽然简易，却是圆满究竟彻底。实相念佛下手之处非常之高，让身心直接切入中道实相，所以它的功德也是非常的圆满。这就是永明禅师所说的："有禅有净土，犹如戴角虎，今世为人师，来生作佛祖。"

持名念佛和实相念佛，两种念佛的方法有所不同，背后的原理完全是一样的。希望大家有机会前来参加安福寺禅修中心的禅修——念佛禅，要懂得这些念佛的方法，然后再具体落实在念佛的禅修和日常生活中。

阿弥陀佛！

> 真正懂得般若思想的人，就像一个识草药的人来到山上，俯拾皆是。翻开经典，可以作为修行用功的口诀很多——

第四讲　真实不虚的般若智慧

佛教的特质在于禅

上一次向大家介绍了安福利生禅修中心的主要方法之一——净土法门的持名念佛。净土法门的修证，对于我们整个佛法的弘扬起到了非常重要的作用，因为它下手简洁容易，证悟境界又极为高深、奥妙，可以说极为方便、极为圆满。佛说一切法，为治一切众生的病。众生有上、中、下三种根性的不同，净土法门三根普摄，在实修过程中有很多不同的受用情况，这里我们就不一一给大家介绍了，今天我们给大家介绍的是禅宗的修行方法。

在安福利生禅修中心，我们要给大家介绍的诸多修证方法中，禅宗和净土宗一样，都是非常重要的一部分。太虚大师说，中国佛教的特质在于禅，就是说中国佛教的特质是通过禅来表达的，它能够把佛法的精神落实在每个生命的实践过程中。至于其他的宗派，比如天台、华严、中观、唯识，理论体系非常完备，落实到实修当中，往往也是通过经典的教理来印证。唯独禅宗是教外别传，不立文字，它是通过自修、自证、自悟，师之相授，通过师父的印证来代代传承下去。因为是教外别传，所以不拘泥于文字的教理，直接用生命当下的境界去体悟宇宙法界的总原则、总规律。就像禅宗六祖大师，他听到《金刚经》，就能悟到人生的大道理。而且经人一点拨，有时候一句话、一个道理，就能终生受用，就能直指见性，成佛度众生。所以禅宗极为简易、极为朴实，但他所证悟的境界却是出世间的境界，哪怕是破本参，都不是凡夫的境界，何况破本参以后还要破的重关和末后牢关，境界就更高了。

禅宗指导接引的方法，历代祖师可以说是各出手眼、不拘一格，只要对众生业障、习气、执着的消除有帮助，哪里都可以下手。所以往往以启发、点拨、提携、苛刻的机锋棒喝来接引上根利智的人。禅宗的这个方法，剥落了一切语言文字、思维观念，是一种直接用你的生命去体悟生命内在本质的方法，所以达摩祖师到中国来所传的禅法，他号称是："实相无相，微妙法门，教外别传，不立文字，直指人心，见性成佛。"

禅术之学和如来禅

禅宗的禅修方法，在中国历史上可以分为四个阶段：第一个阶段是两汉之际，伴随着佛教传入中国的一系列净化心灵的方法，如通过修止、修观来达到开发无漏智的一些方法。这种早期禅法在中国汉传佛教历史上，大概延续了有四五百年的时间。也就是说在达摩祖师来到中国之前的高僧大德、佛教徒，他们修行的方法包括了禅术之学，是通过四谛、十二因缘、三十七道品，或者说四念处，靠五根、五力，靠七菩提分、八正道来证悟解脱，这些方法早期其实已经传入了中国。同时，另外一种方法就是依照大小乘的经典，特别是鸠摩罗什大师翻译的般若系大乘经典，直接以般若的观照来观察身心：对心灵专注觉察，依据佛教经典提供的方法展开对心灵的透视和调整。一般来说，都是要先修奢摩他（止），然后修毗婆舍那（观）。或者是像天台宗最早成立时智者大师的修行方法，就是六妙门——数、息、止、观、还、净，或者数息、随息，然后修止、修观。因为智者大师悟到了法华三昧的前方便——旋陀罗尼，所以他的禅修方法就像如来禅一样，直到成佛都是有理论依据，一步一步地通过观修来断除自己的见思迷惑、尘沙迷惑以及无明迷惑，最终圆成佛果。

在禅宗之前的禅术之学和所谓的如来禅，是依据经典来观照的禅法，在中国早期的佛教史上，经历了大概五百年的时间，这五百年也是佛教从初传期直到兴旺的过程。据学者研究，佛教最兴旺的时间是在南北朝时期，而在隋唐是极旺之后的蓬勃发展而已。事实上唐朝的佛教已经在走下坡路了，物极必反，高则必堕，达到一定的高度，它自然也就下来了。在这些早期的禅修方法中，大家如果有条件、有能力，可以因人而异选择不同的方法。如果有些人喜欢依据经典的指导来禅修，可以用达摩祖师来中国之前的这些禅法；或者说就直接以经典的教理为依据，来指导自己如何内观；或者我们也可以根据每个人每个阶段修学的不同情况，来给以具体的指导。

早期的禅法是需要实践的，三十七道品非常重要。四念处、四正勤、四神足、五根、五力、七菩提、八正道——三十七道品的每一个道品，大家如果知道它的内涵，把它观察清楚，那我们对禅修的方法，特别是早期的禅修方法，就有一个总纲性的把握。接下来可以进一步对大乘禅法进行一些研究，特别是大家读过的《心经》和《金刚经》，阐述的就是般若的思想。在实修的时候，一般来说，修般若观的人需要经过三个阶段的勘验。第一个阶段就是文字般若，所有的般若禅法，都必须有经文的原典作为依据，不能人云亦云，不能自己独创，也不能自己篡改佛经的意思。佛是怎么说的，祖师大德像龙树菩萨、无著菩萨、世亲菩萨、马鸣菩萨，这些大菩萨们是怎么修证怎么说的，包括我们中国的祖师大德，我们要据此一步一步地去落实。这样，我们在实修的时候就不至于盲修瞎练了，有教理教典作为依据，我们再修学的话，心里就有谱了。比如说文字般若，从文字上去了解天台宗的止观法门，从有入空观，从空出假观，从假会入中观；或者天台宗的其他法门，如六妙法门：数息、随息、修止、修观、修还、修静，也就是"数、随、止、观、还、静"六妙；还有一些附属于天台理论的持咒、念佛、打坐参禅的方法，最后也融入天台宗的修学方法里。

早期的禅法，不但依据佛经里面所说的道理去实践，事实上平时也都是以读诵、解说、受持、书写这四种形式来弘扬佛法的。早期禅法的内容比较丰富，每一个宗派都有自己的禅修体系，像天台宗的禅修体系就非常圆满，或者说非常复杂，它有止观法门，有三止三观：首先是体真止，体真了以后，证得真如本体；然后就方便随缘止，随着外界的缘让自己止下来；第三个是息二边分别止，真和假，缘起和性空，两边的执着概念都要把它停止下来，所以叫息二边分别止。天台止观的方法讲起来非常多，我们以后会专门安排课程来讲。事实上，早期传入中国的佛法，他们在内观、在四念处的修学上，以及在四谛、十二因缘的修学上，应该是非常如法行持的。

文字般若到观照般若

我们汉人是在鸠摩罗什大师翻译了般若系经典之后，才真正开始明白大乘的禅法的。因为般若不是我们一般人所体会到的那样，认为般若就是空、无，其实当你真正体会到空、无的背后，还是有非常灵光的东西，而般若恰恰就是这个无法描述的东西。因此通过对般若的语言文字的了解，就可以进一步从文字般若进入观照般若，而观照般若可以说就是大乘禅法的主要修行方法。

大乘禅法无非是三种智慧：一切智、道种智、一切种智，这三种智实际上都在一心中圆满具足。无论你是体真止也好，方便随缘止也好，息二边分别止也好，都是为了让我们这颗心能够收摄回来，观察到事物的真相。就像有些人虽然不认得路，但是他低头看清楚了前面的路是什么，他就胸有成竹，走过去心里不会害怕。如果你走在这条路上，却不知道这条路的路况，是不是走错了，自己心里都没底儿，那就不太好了。所以在止观的禅修里面，大家把这颗妄想的心专注起来，依照佛经的指导，无论是《心经》也好，或其他的经典也好，将其要义完全融摄到自己的起心动念、生活行为当中，智慧的提升就会非常快。如果你没有智慧，方法学了很多，自己会跑得很辛苦，到最后还落下一身毛病，当然谈不上受用了。虽然没有掌握具体的修行方法，但一个大乘行者在修观照般若的时候，面对所有的一切外境就能观察到，这一切境的本质就是空的。本质既不是你的，也不是我的。我们认为有你有我，这个认为恰恰就是空的，就是错的！当下能够明白你的生命是一个整体，而不是一个片面的状态，也是非常难的。自己和他人、一切的众生都是一个整体，所以如果你希望自身好，只有希望他人和整个环境都要好。

修般若观要把佛法的核心要点抓住，让自己去落实。比如说，修般若观慧的时候，当你理解了《心经》，《心经》里面的每一句话其实都可以作为大乘般若禅修法门的口诀。为什么这样说呢？因为《心经》里的每一句，都是站在般若的高度来看的，而不是站在我们凡夫分别心的角度来看的。站在般若的高度来看问题的时候，你的智慧就会自然而然地生起来。比如说《心经》一开头的"观自在菩萨，行深般若波罗蜜多时，照见五蕴皆空，度一切苦厄"，对于真正修般若禅观的人，他能够照见五蕴皆空，一点问题都没有。如果你以凡夫妄想的心去颠倒执着，解脱的机会就没有了。所以观照般若是非常重要的，通过对般若无所得这个法理的了知，让自己的身心能够利他——奉献大众，奉献给诸佛菩萨。这种奉献，就是我们在前面学习天台教理讲到空的时候所说的务必要空到底——空到彻底、空到清净、空到一无所有。空到一无所有以后再来观察自己的内心，一尘不染、一丝不挂就叫观自在。你要随时能够观到自在，因为我们的妄想是没有根的，显现的当下马上就过去了，你抓不住的。呼吸也不是我们的，也是照样抓不住的。所以，当你的内心与般若相应，一切生活还在照常进行，只是以般若的空慧来观照自心而已。

利用般若口诀用功

观照的过程有空观、假观、中道观。观空观的时候，你就看到身体的一切都是缘起组合，每一个细胞又有无穷无尽的微生物。对自己内心般若的这种空的体悟，就是通过内在的观察，看到思想是由一切妄想组合而成的。思想、妄想都不组合了，此时来观察自己的心，所以叫如实知自心。当你能够如实知道自己的心，就知道一切的想法、一切的情绪，其实都不是自己的。我们所有的是非对错、概念、观念、爱恨情仇等一切情绪，正是由于缺乏般若的观照，才会让我们由此沦为凡夫，在这里受苦。当你学会般若观照以后，禅修的方法就变得很简单，可以说，《心经》里的每一句话都是非常殊胜的用功下手处，都可以作为非常隐秘、同时又非常真实的口诀。藏传佛教喜欢用口诀来教授弟子，念着口诀，想着口诀，参着口诀，这个口诀是非常好的！就像"观自在菩萨，行深般若波罗蜜多时，照见五蕴皆空，度一切苦厄"，那我们就用"观自在"来观察自己，因为观音菩萨是大悲，观自在是大智，有智慧、有慈悲，悲智双运成就正法明如来，成就真正的佛法。所以当你想要把《大悲咒》背下来时，或者以一种咒语，《心经》后面也有"揭谛揭谛，波罗揭谛，波罗僧揭谛，菩提萨婆诃"，就是让自己体会到般若的法理与内心相应的地方。

诸位用观自在来观察一下自己：观自在，自在就是自由自在、主宰的意思。你的世界你能主宰吗？答案是 NO，不能。那么你的身体你能主宰吗？答案也是不能。你再继续问下去，你的思想你能主宰吗？答案还是否定的。你再继续问自己，自己的情绪能主宰么？爱自己能主宰吗？恨自己能主宰吗？仔细观察，好像没有一个念头是自己能够主宰的，因为每一个念头都受到时间和空间的限制，所以当这些念头生起来时，你都是不自在的。那什么是自在呢？就是你把身体的障碍看清楚不再障碍了，把思想障碍的前因后果、来龙去脉全部看清楚以后，内心成就的这种不可替代的力量，确确实实从内心中自然生发出来了。我们自以为自在，好像现在还活得逍遥自在，实际上是因为没有看到真正的"自"，而是以一个凡夫无量劫来的习气、烦恼知见，把身外之物执以为实。因此，我们在"观自在"的时候，一定要观察到每一个事物的缘起都是无自性的，然后从缘起无自性的背后，看到它最真实的一面。所以，在观修这个地方，就是以"观自在"来观察自己。如果你条件具足，也可以用别的观修方法。当然，作为般若系的经典，《心经》本身就有无数的秘诀，"观自在"是一个很重要的秘诀。

"行深般若波罗蜜多时"，也是一个重要秘诀——行大智慧。什么是大智慧？大智慧是不生烦恼，大慈悲是没有敌人。当你观察自己时，大智慧的这种不生烦恼是什么？叫"观自在菩萨，行深般若波罗蜜多时"。般若无相，又不离一切相；般若无所得，却不妨呈现一切的妙用。我们当下就可以观想：用般若智慧所观照到的一切身心世界、一切法皆了不可得；知道一切法皆了不可得，身心自然就安泰了。所有的身体动作、外在环境，没有任何的涉入，没有任何的伤害，没有任何的黏着……

如何去观　怎样去照?

　　从文字般若到观照般若，观照般若的内容特别多，后来演化为禅宗的各种棒喝机锋，这方面从如来禅里面就可以解释得通。当你明白了文字般若以后，必须把文字般若通过一定的方法来达到观照般若：观就是观到自己一念也不生的地方，照就是照着它们清清楚楚、明明了了。

　　当我们进入禅修的过程时，就是以理解般若的这种形式，作为自己的动力，开发生命内在的力量。不但"行深般若波罗蜜多时"可以作为口诀，"照见五蕴皆空"也可以作为口诀。如果大家能够把"照见五蕴皆空"这句话完全体会到，或者你不断地念这句话——照见五蕴皆空，照就是观照、觉照，内心好像是一个手电筒或者日光灯一样，像日光、月光的灯一样明亮，你只要一提起觉照，整个身心的每一个毛孔都清清楚楚。怎么去观? 怎么去照呢? 要照见五蕴皆空。五蕴就是色法、受法、想法、行法和识法。五蕴的法门，是指我们修学大乘般若思想，可以从五个方面契入到佛法里面来。众生修学的程度各不相同，如果是初入门，可以通过对法的受用，让自己对五蕴有所了知。比方说坐在那里，他需要三个方面的条件：第一个是接触，安静地坐在这里，接触到空气和外界，身体有反应了。从头到脚，身体上的每一个感觉，能不能非常清楚地体会到? 如果体会到了身体上每一个部位的反应，我们再用"照见五蕴皆空"这个法宝来对照自己。特别是有些用功还不是很得力的，更需要了解五蕴，了解四大原无我，五蕴本来空，去体悟"迎头向白刃，犹如斩春风"这样的一种境界。

观照般若的生起，事实上也不是很容易的。禅宗本身，就观照般若而言，应该一分为二地看：一个是教外别传、不立文字；一个是所有的教下，都是通过文字的修学来一步一步地证得。我相信天台宗的文字，它描述得非常圆满，所以拿《心经》作为例子来说，对这句话有所体悟，五蕴就是色、受、想、行、识：色法就是物质的世界，受、想、行、识就是精神的世界。也就是说，当你仔细观察自己，以般若的智慧来觉照的时候，你发现你能做的就是不落在一切相上，让自己直接看到色法；物质色法和受想行识的心法，色心不二，五蕴皆空——它能够照见五蕴皆空，看到五蕴的本质确实是空的。在现实生活中，当你拿起一支笔，或者看到这支笔的时候，就知道它是由笔芯、笔杆、笔帽等材料，加上人工组合起来的。在物质的层面，可以看到它是由别的材料组合起来变成这样的，如果这些材料分散了，它又变成那样，没有增加也没有减少，从物质的角度上还是比较容易看清楚的。另外一个要从受、想、行、识，从自己的精神层面继续看，既然物质是由其他材料组成的，精神又是由什么组成的呢？

大家如果修观照般若，先要理解它的内涵，然后再如理如法地专精用功，这样效果会非常好。照见五蕴皆空的人，他能够将物质和精神上的全部要求降低为零。当你把这些降低到零的时候，身心本来就非常自在、毫无障碍，这就是修观照般若的时候，通过文字的描述依文起观。

什么是真正的用功？

般若智慧的提高，一定是通过教理的闻思，在内心中找到它相应的地方，所以我们讲照见五蕴皆空，本身就是一个大窍诀。就是你随时随处能够以自己的智慧来观照，观照色法的世界，原来色法的世界是这么无常。如果进一步对佛法的法理仔细去观察，你可能会在那里担忧了：世间人学习佛法，实修的是不是少掉了？但实际上是各有因缘，自己修行只有自己知道，别人无法知道，也许是道听途说地知道一点；但是真正的用功，真正的修行，一定是把般若思想融入自己的生活当中，并用这种智慧来对照现实的人生。所以智慧有没有提高，修行有没有进步，是不是修准了，除了五蕴皆空这样一个观照，后面还有"度一切苦厄"：照见了五蕴皆空，就能够把一切痛苦、一切灾厄、一切困难全部度脱。

《心经》的用功方法是非常多的，每个人根器不同，下手处不一样，《心经》是从多个角度把纲领罗列出来。最早我们收集到的以般若起观的，事实上就是可以从《心经》的这个角度去观察：不但"观自在菩萨"是如此，"行深般若波罗蜜多"是如此，"照见五蕴皆空"是如此，"度一切苦厄"同样也是如此。大家坐在那里，腿痛起来难受了，能不能度脱一下？在痛苦当中，无论是精神的痛苦，还是物质匮乏的痛苦，通过自己的努力把它确认下来，一步一步地从三恶道——地狱、饿鬼、畜生——开始；然后把人的痛苦看清楚了，把它度脱过去；继之天人的境界也看清楚了，天人的禅定还有堕落，同样有苦厄要度；然后再看二乘的人，二乘的自了汉，自己修行好就可以了，其他的不需要太管，或者随缘地去管一些事情，这就是他修行的一个状态，也是苦。通过度一切苦厄，一步一步地度，度到和自己程度相同的，或者比自己更高的，这些方法都是从《心经》当中可以直接得到启示的。

般若智慧的观照

《心经》照见五蕴皆空的后面，就是度一切苦厄。这个苦厄是指自然的灾难或者灾害，或者身体所遭受的老病死、忧悲苦恼种种。能够度一切苦厄的，就是你观察到一个苦，把这个苦 pass 了。再继续观察，心更微细，还有微细的苦因、苦果。如果一点一点地剥落，剥落到最后彻底没有了，说明你体会并看清了自己的整个身心世界。身边的人、事、物，都让自己从物质和精神两个层面突破出来，这样才能够达到度一切苦厄的效果。后面还有"舍利子，色不异空，空不异色，色即是空，空即是色，受想行识，亦复如是"。实际上，你在修般若观照的时候，就是以这些作为口诀，所有的苦厄都要度过。小的苦厄，如腿脚痛、手痛，外面有点麻烦，别人的诽谤或赞叹，种种言行举止的对境，这些或多或少都会造成痛苦，所以大家不要希望别人赞叹你，也不要不喜欢别人诽谤你。无论是赞叹还是诽谤，凡夫引以为实的一切其实都是靠不住的，都是眼前的那点转瞬即逝的快乐。而真正的度一切苦厄，它包括为人中的恶人，还有为人中善人的固执、执着，还有解脱道中已经解脱了的自了汉。自了汉之后，才有了这种真正懂得修行，不是很张扬并故意高抬自己的心态。要让自己当下随缘入观，那你就直接念度一切苦厄，腿痛了度一切苦厄，手痛了度一切苦厄，有人说了度一切苦厄，没人说也度一切苦厄，就是在自己的内心，把一切苦一点一点地剥离出来。事实上，禅修就好像剥芭蕉树皮一样，一点一点剥，剥到最后会发现里面什么都没有。

度一切苦厄也是一样，只要能够照见五蕴皆空，一切苦厄自然都能一点点地被超越。如果你有一点点痛，有一点点难受，有一点点委屈，无论什么，你都不想受这个委屈，就跟着外面的境界跑了，你永远都很难修成就的。所以中上根的人，他直接修禅。上根利智之人，快马见鞭影，马鞭一甩他就跑得比谁都快。他只要静下来，一下观照照见五蕴皆空，马上就知道要度一切苦厄，让自己的生命变得真正有意义。

　　你的生命是不是用来帮助别人或为别人服务的？还是说你自己的用功，是在消除这一切痛苦和烦恼？所以，依照《心经》的般若智慧来修学，也可以把"照见五蕴皆空，度一切苦厄"作为一个口诀。当然后面还有很多像刚才说的，"色不异空，空不异色，色即是空，空即是色"。随便哪一句拿过来，比方"色不异空"这四个字，所有的一切色法——外在的色法、可进可退的色法马上空掉了；内在的心念、想法，当下生起来的念头停止的那一刻，实际上你已经看到了，所有的想法都是从这里流出来的，但是它自己没有想法，没有痕迹，没有任何的禁锢，或者让自己不自在的地方。这样的一个般若观照，就是依照经典的法理来进行般若法门的修学，破除我们对一切外相的执着。

　　我们在禅修期间，开始先在理论上告诉大家，接下来在方法上，你要选择南传的禅修，那就选南传的，要选择北传的禅修，那就选北传的，凭自己的喜欢。但是，它的前提是要按照般若的思想，按照观照般若的思想来观照。有时候，我们大家坐在那里观照一下，观照得也挺好的，但是如果想让自己直接进入禅修的状态，还是要下很大的功夫才行。所以在禅修般若观照的过程中，先要知道般若是什么含义；然后清楚自己用什么方法修，怎样去修；然后一一对照，修得有没有差距。如果修得没有差距，跟你外在的标准——"色不异空，空不异色，色即是空，空即是色"完全能对照上，你马上就会有受用。而且这个受用不是一般的受用，是非常的受用，因为它能够体会到度一切苦厄的重要性：自己的苦厄度完以后还要度别人的苦厄，六道当中的一切苦厄都要度，佛菩萨的苦厄也要度。有这样一种度一切苦厄的心态，"色不异空，空不异色，色即是空，空即是色"四句话里面的任何一句，都可以作为一个口诀。

然后，后面还有"无智亦无得，以无所得故，心无挂碍"。无智亦无得，坐在那里，我们的分别心——后得的分别智太强烈。当你没有后得的分别智，你就感觉不到在那里打什么妄想，分别一出来，妄想就很多。由于这种种的原因，会把自己真正用功的状态反而隐藏起来，所以在用功的时候，就是《心经》所说的无智亦无得，或者不生不灭、不垢不净、不增不减，没有增加，也没有减少，也没有自己去管理，也不是委托管理。这样在自己的内心当中，对于不垢不净、不增不减，或者其中的任何一句，进行深入地体会，一旦体会到它的意境，就会成为口诀。

什么叫观照般若？

《心经》可以说是俯拾皆是宝，这是最难得的，它里面的每一句话，都可以琢磨很久很久。比方说，色不异空，你就可以修很长时间；空不异色，也是同样的道理。如果想继续参究，还有"色即是空，空即是色，受想行识，亦复如是"，就是五蕴皆空。看到了五蕴皆空，一切法本不可得，般若智慧有了，他就开始体悟到自己不生不灭、不垢不净、不增不减的本性。不生不灭，本来没有生，哪里有灭？这个本来不是指身体，身体我们看到有生有灭。其实身体里面的每一个细胞，你再仔细分，分到极致的时候，它确实是没有东西的，从来没有生过，但是我们都以为这个身体是有生的。如果体会到它是没有生的，同样会知道它是没有灭的，不生的东西就没有灭。不生不灭，它就没有污垢，也没有清净。这样一来，你的心境从小小的般若上升到对人生的一种体悟，这种体悟和受用，就叫观照般若。

真正懂得禅修，就像懂得中草药的人来到山上一样，到处所见的都是草药，俯拾皆是；你若懂得了般若思想，可以作为修行用功的口诀很多。因为在般若的经典里面，所讲的每一句话都是宝，一讲就讲得很彻底，就像六祖大师的感叹："何期自性，本来清净，但用此心，直了成佛。"这个做口诀多好！每天都让自己重温这句话："何期自性，本来清净，但用此心，直了成佛。"当你有一天突然契入这样一个意境的时候，就开始观照般若了。如果你没有契入这种意境，观照般若还是无从生起的。从文字般若——文字很优美的地方来看，《楞严经》的文字是最优美的，其他的经典讲到这些禅法修证的时候，也是非常了不起。所以，当你读懂了《楞严经》的二十五圆通，你就知道原来在禅宗之前，我们在修行方法中，用观照般若也是非常直截了当的。

佛经里面把道理告诉了我们，我们要在身心当中去体悟这个道理，只要能对照得上就有这个智慧，这就是般若。比方说，佛说我们所有的烦恼都是来源于贪、嗔、痴、慢、疑的不正见，有了错误的知见，那就会贪、嗔、痴、慢、疑。你可以感受一下：贪、嗔、痴、慢、疑来源于我，我遍寻这个我好像是没有。你体会了无我，对共般若有了理解，然后根据理解去观照——我的身体没有我，慢慢地看，要看见确实没有我，很清楚地知道没有我，然后你照样在做事情，照样干活，照样读书，什么都照样做，但是你完全看见了内在的本质。只有你看见并学懂了般若的思想，才会知道人无我，然后法也无我。无我，不是说我把你打成无我，而是从本以来就"何期自性，本自清净"：从本以来就没有东西，没有任何的伤害和污染！在人生的过程中，我们常常会觉得世间八法是那么真实，但是作为一个禅修者，特别是有般若智慧的禅修者，就应该把经典读透了以后，随便拿一句就可以融入自己的身心生命当中。学法用功的时候，直接拿出来对照一下，这就是所谓的口诀。它对我们整个的身心是非常受用的，而且对整个社会、大众也是非常受用的，一点都不为过，没有任何过错，也没有任何过失。当你已经有了辨别的能力，你要相信佛；相信了以后还不够，还要去行动，要去具体地做到，这是最好的。如果实在做不到也不打紧，让自己一步一步地去做到。所以，从文字般若到观照般若，难度是很大的，但是只要明白了观照般若的道理，知道了怎么去修，掌握了方法，你就一路前行，简洁明了，也是非常好的！

什么叫实相般若?

禅宗除了平常诵经、念佛的用功方法外,还有它更加独特的地方。禅宗的独特,牵扯的面非常之广,早期的禅法,是通过文字般若,即语言文字的理解进一步到观照般若,然后通过观照般若,最终证悟实相般若。证悟了实相,智慧自然就涌现出来了。如果没有证悟实相般若,是很难听懂这些法的。如果内在善根不够的话,连法也不会听到。所以当你能够听懂这个法,要让这个法对现代人心起到一个好的引导作用。智者大师后来在讲禅的时候,提到要随文入观。意思就是说,经文的文字,实际上也可以是文字般若,因为文字讲的就是般若。就像《心经》一样,它就是《般若波罗蜜多心经》,讲的就是"照见五蕴皆空,度一切苦厄",乃至最后的"揭谛揭谛,波罗揭谛,波罗僧揭谛",都是针对众生来展开的,不是说行文的需要才要展开的。所以当你真正实修的时候,要行起解绝:当你观照到了以后,不要把佛法的理论体系拿过来,很生硬地用文字来对照,特别是套用祖师大德的语录,让自己打了很多妄想,这样是不好的。

把一句经典拿过来对照自己,通过观照,让自己慢慢地熏习,过去的业就化解掉了,经典真实的含义从内心中慢慢地显明出来,这个显明出来就叫实相般若。就是从局部之处慢慢地体现,越来越深,越来越深,直到最后佛的智慧全部体现出来，那时候才真正证得般若。达摩祖师来中国之前，禅宗的真正修法并不是说参禅，或者直指见性，而是根据经典的道理，先听懂了道理，觉得有理了，直接用这个理来对照自己的身心，让自己能够受用，这个时候智慧慢慢地就开了。而且它有很多相对应的标准，从十信、十住、十行、十回向到等觉、妙觉，十信位前面还有资粮位、加行位。通过长期的修学磨炼，一步一步地提高智慧，烦恼也会越来越少；烦恼少了以后，你的福德智慧增长，般若的实相慢慢地就明白了。这个整套体系的修行，后来被智者大师纳入随文入观的般若观照中，就是你随便读什么经典，读经的这个过程，其实就是禅修的过程：一方面让自己专精地把经书读下去，另一方面经书里面所说的道理，自己也越来越清楚。一边读，一边去思考，用自己的心跟经文去对照，对照来对照去，就知道心里面有哪些东西，随时想用的时候就搬出来用，这就是逐步证得实相的智慧。

真实不虚的般若智慧

佛在世的时候有孤起颂，比如说："诸法因缘生，诸法因缘灭，我佛大沙门，常作如是说。"这叫孤起颂，其他东西都没有，就这一句话。或者说："诸行无常，是生灭法，生灭灭已，寂灭为乐。"一切世间的法都是无常、生灭的，生灭的这些现象，它的背后有不生灭的是什么呢？生灭没有了，因为有生有灭都是缘起，所以生灭的本质，就是生灭灭已；生灭的现象没有了，寂灭涅槃的境界自然就现前。

　　孤起颂事实上就相当于口诀，《心经》可以用"观自在"，用"行深般若波罗蜜多"，用"照见五蕴皆空"，用"度一切苦厄"，用"色不异空，空不异色，色即是空，空即是色"，用"不生不灭，不垢不净，不增不减"，还有后面"以无所得故，菩提萨埵，依般若波罗蜜多故"，"无所得"也可以作为口诀；"依般若般罗蜜多故，心无挂碍"，用"心无挂碍"四个字也可以作为口诀，让自己反复地念心无挂碍，然后看自己的心挂在哪里了？碍在哪里了？一点一点让心无处挂、无处障碍，心无挂碍的道理就明白了。"无挂碍故，无有恐怖，远离颠倒梦想，究竟涅槃"，三世诸佛，也是依般若波罗蜜多，得阿耨多罗三藐三菩提，这是让自己看到远离颠倒梦想。最后，"故知般若波罗蜜多，是大神咒，是大明咒"，是大明咒也可以，是大神咒也可以，这一句话就可以是无等等咒，能除一切苦。我们每天就想着能除一切苦，什么东西能够除一切苦呢？就是般若的智慧，真实不虚！般若就是真实不虚，因为它不变。如果有变化了，它就是无常，它就不是真实了；因为般若不变，般若本体也不变，般若智慧也不变，它是真实不虚，所以最后，"揭谛揭谛，波罗揭谛，波罗僧揭谛，菩提萨婆诃"。《心经》里面的每一句话，四个字或五个字，哪怕有一句你得真实受用了，从现在开始一直观修到成佛，这句话都可以作为一个印证。

　　大家平时学习佛法的法门，像对治法、开智慧的法、修定力的法，真是俯拾皆是，随处都是。经书一打开，佛给我们的从凡夫到成佛的秘密窍诀就已经在那里了。可惜我们没有认真地去落实，往往流于空谈了，很是遗憾。

　　阿弥陀佛！

> 无始劫来我们走了多少冤枉路，蓦然回首，得来全不费功夫。烟消云散，虚空粉碎，大地平沉，却原来——

第五讲　本自现成——就这样！

今天，我们把禅宗的禅修中心的修行方法，跟大家一起来讨论一下。

单刀直入的见性法门

汉传大乘佛法的特质就是禅宗。禅宗的实修方法包括的内容是非常丰富的，佛在经书里面讲过，佛说八万四千法门，应对众生不同的病而开出不同的药。佛已说的法就像爪上的土，非常之少，佛未说的法像大地上的土，非常之多。所以明白实相之法的历代祖师大德，根据不同时节因缘和不同根性的众生开出不同的禅修方法。

在整个禅宗的弘法过程中，特别是达摩祖师到了中国，非常感叹此土有大乘气象，所以能够直指人心，见性成佛，不立文字，教外别传。释迦牟尼佛在涅槃会上拈花，迦叶微笑，直指人心是从那时开始的。迦叶尊者为初祖，阿难尊者为二祖，直传到第二十八祖，菩提达摩大师来到中国，成为中国汉传佛教禅宗的初祖。从初祖一直到宋朝大慧宗杲禅师之前，禅宗主要是以直指人心、见性成佛为修行方法。

这个修行方法非常殊胜，可以说单刀直入，不拐弯抹角，也不作其他方便，直接把佛心、众生心、三界一切万法的本心，通通透露并和盘托出在我们的面前。如果是上等根机的人，或者上上根机的人，一遇到这个法，就像金刚王宝剑，所向披靡，攻无不克，战无不胜，所有一切烦恼、是非、分别、人我、纠结、业障、习气通通当下了断，然后大机大用，保任平生。这是非常了不起的一种教化方法，也是在人类文化上史上独一无二的当下与宇宙法界本来面目直接对接的方法。

释迦牟尼佛在拈花的时候，迦叶微笑，他还需要解释一番："吾有涅槃妙心，实相无相，微妙法门，今付嘱摩诃迦叶。"涅槃妙心就是不生不灭之心，涅槃就是不生不灭，了断一切生灭现象。什么是生灭现象？一切妄想、颠倒、执着，形形色色、林林总总的精神、物质，所有一切有相的事物、有为的造作，通通是生灭法。而我们对面相逢，明历历、露堂堂的能说、能看、能听，无色、无相、无味，历千劫而不变，经万古而不坏，这样清净妙明的真如本心，周遍在我们每一个起心动念、每一种事物的变化之中。由于我们无始劫来太习惯执着了，我们只看到了一切生灭法。

相逢不识 问客何来？

生灭法哪里有呢？生灭法都是缘起缘灭，缘起缘灭之法本是不生不灭、幻生幻灭。因为本来不生不灭，所以说它幻生幻灭；因为缘生缘灭，所以本性空寂，无有丝毫造作。我们在根对尘——眼睛见到色尘，耳朵听到声音，鼻子嗅到香气，舌头尝到味道，身体接触到外界，脑子里面想到某一些事物时，这中间全部都透露着缘生缘灭、幻生幻灭、不生不灭的真相。但我等凡夫，对面相逢不相识，还笑问客从何处来？能笑问客从何处来，还算有福德之人。这个客尘烦恼，就是你看到、听到、遇到、想到的种种情景，你不要哭问客从何处来就不错了。遗憾的是，对于表面假象，心中所想的或产生的一切情绪——六尘缘影，凡夫没有一个不是把这个影子当成真实的自己，以为有真的世界，有真的人生，有真的烦恼痛苦在折磨人，有真的别人来伤害你，一切是那么真切——真实地在那里生生灭灭、坚固不变。事实上，哪怕你稍微有一些逻辑思维能力，也能看到一切万法都是缘起，一点自性都没有。看不到没办法，看不到你就只能在这些缘起法上去追求，从生到死、从死到生，从有念到无念、从无念到有念，念念之间心随境转，没有一刻的停顿，没有一刹那的休闲，没有一秒钟能让自己彻底摆脱这一切六尘缘影的覆盖，摆脱这头上安头、重重叠叠无有穷尽的严重假象。在这个世界上的凡夫，有几个曾怀疑过自己感官上的所有分别和感受的真实性呢？所以禅宗不容易，它所针对的是上等根机的人。

六祖大师在《坛经》里面说：我此法门，度上上根机者。六祖大师的法门属于直指法门，直指法门里最直截了当、坦白无误、丝毫没有隐瞒我们的，就是释迦牟尼佛在菩提树下的那个感叹——一切众生皆有如来智慧德相！一切众生包括有情众生、无情众生，一切众生皆有如来的智慧德相，身心世界——我们的正报和依报，都具足佛的圆满三身：清净法身、圆满报身、千百亿化身。《华严经》中还很详细地告诉我们："于一尘中尘数佛，各处菩萨众会中，无尽法界尘亦然，深信诸佛皆充满。"每一个微尘里都有微尘数的佛，还都在菩萨的众会之中……我们可以体会一下，这是一种什么样的气势啊！你今天在那里纠结，明天在那里偷懒，后天在那里难过，再后天又在那里悔恨，鸡零狗碎的，天天跟自己过不去，这个不行，那个不对，偷懒之后还给自己打圆场说："一切都是很圆满的。"等下遇到境界了，又马上觉得不圆满了。这些全部都是妄念情执、自我障碍，凡夫就是这样天天、念念为自己设障。

截断众流的直指法

如何才能截断众流透过去呢？最直截了当的方法就是禅宗

的直指见性之法。

六祖大师说："唯传见性法，出世破邪宗。"他只传这个直指见性的法门，因为世间法都是着相的，而见性法是直接回归本来面目。此法出现在世间，要破一切邪宗——凡是与大乘断除烦恼、发愿生生世世利益一切众生相悖的斤斤计较、种种分别，全部都破除掉。怎么破除呢？就是直指之法！其实，在佛陀的教理中，到处都有直指之法，只是学人有眼无珠，当面错过而已。当年佛在世时，很多人就是通过佛的直示，一下就了然了。比如说《金刚经》的开头一段，"尔时，世尊食时，着衣持钵，入舍卫大城乞食。于其城中次第乞已，还至本处。饭食讫，收衣钵，洗足已，敷座而坐"，描述了佛在生活中平常得不能再平常的言行举止。我们可以想象一下，佛与我们有何区别呢？如果我们拿佛是太子出家、受万人瞩目、万德庄严、无诸痛苦颠倒等一切功德、表相来跟自己对比，那真是没法比。

可是这一切能不能算做佛呢？佛在《金刚经》上说："若以三十二相观如来者，转轮圣王即是如来，不应以三十二相观如来。"取外相作为佛的标准，那转轮圣王就是佛了。甚至也不能把神通果位当成佛，佛对须菩提说："于意云何，阿罗汉能作是念'我得阿罗汉道'否？"须菩提言："不也，世尊！实无有法名阿罗汉。我若作是念'我得阿罗汉道'，世尊则不说须菩提是乐阿兰那行者。"是以他的名称果位作为成佛的标准吗？也不是，只有以心性为标准。佛能整理衣装拿起钵，前往舍卫大城化缘，回来吃完饭收拾好碗，把脚洗了然后坐在那里，在和光同尘中，举手投足全盘透露出来——心、佛、众生没有丝毫差别的清净佛性。

就像现在，我在讲话，你们在听，听和讲虽然完全不一样，但是能听的人明明白白，所讲的话也明明白白。听、说虽然不同，但是这个无需分别的明白是相同的。世间的男女老少，不同环境当中的身心世界，情绪上的苦乐忧悲千差万别，但我们对这一切的"清清楚楚"是一样的，都是生命最圆满的展现。无明，真正的根本无明，它犹如天地混沌未开之际，好像在鸡蛋壳里面还没有孵出来，人我是非、你我他一切不分。又好像睡着了没有做梦的状态一样，醒过来之后，我们自以为明白的这个地方是能明白，我明白的东西是所明白，能所一对立，分别蜂起，是非纷呈，流浪生死。所以在《金刚经》中，一开始佛陀所透露出来的，事实上就是最直接的直指见性。

禅宗的公案中，直指见性的公案为数最多。什么是佛？举一个指头，人家就明白悟道了。你以为看到了指头是佛，错了！但是又没有离开，离开了能举手吗？离开了你能看吗？离开了我能说吗？只要落在一个尘埃上，就是生死轮回。这一个尘埃，不仅是外界的尘埃，你的脑子里面的一个妄想也是一个尘埃。只要你六根落在六尘上，或者你不落在尘上——"内守幽闲，犹为法尘分别影事"，这个内守幽闲——守住这个感觉很安稳、不动摇，好像也很有智慧。对不起，守着的这个东西就是尘埃。

暗合道妙的大乘气象

　　所以你要能放舍，必须把心都空净了——和心里面所有的是非人我、傲慢、习气、毛病通通一刀两断。其实，你只要看到明明了了就在眼前，不需要落在尘上，因为它本来就圆陀陀、非内外、无形无相。这个球抛出来了，谁能接得住？就看你的善根培养得怎么样。如果你偷心不死，好名图利，贪图精神享受，煮沙想成饭，纵经千劫也只是一个美梦罢了，绝无可能明白真心的妙用。偷心不死，连功夫成片都不可能，何况是直指见性？直指——单刀直入，入千万大军之中，如入无人之境，有这样的气魄你才能承担得了。所以达摩祖师到中国来，他感叹此土有大乘气象，才能直指人心、见性成佛。

　　大乘气象的基础，事实上就是孔孟之道、老庄之学。孔孟之道是什么？做每一件事情都很认真负责、仁慈爱物、勇于担当。这需要很大的激情、勇气和责任心，将整个法界一切众生的苦难，宁愿自己一个人挑起来。要有这样的气魄。我们可以扪心自问一下：在工作和生活中有多少正事？什么叫正事？在家行孝道、吃饭穿衣为生计，这叫正事；出门为工作、利益他人为正事，除此之外全是闲杂之事。除了正事需要竭尽全力去做，其他的事情全部都是是非烦恼扯闲篇儿。对自己要仁慈，对外界要仁慈，对山河大地、草木丛林、一切众生都能有仁慈，都能有爱心，仁慈爱物的第一课算是学好了。中国向来是礼仪之邦，讲和谐的民主、包容的民主，这就是儒家的功德所在。

我们是中华民族的儿女，我们每个人的骨子里面，流淌的都是正心、诚意、修身、齐家、治国平天下的生命价值观。不管你学过没有，内心中总会流淌着这样的血液——好事认真做，坏事不能做；快乐的事情、无伤害的事情，全神贯注地去欣赏、去感动、去感恩；不愉快的事情、烦恼是非的事情，心中不存半点，左耳听进来，右耳冒出去，甚至不要去听，叫作"非礼勿视、非礼勿听、非礼勿言，非礼勿动"。与仁慈爱物不相关的，与积极入世不相关的，通通都是在浪费自己的生命，一点正事都没有。

老庄的思想看得开、放得下，即便是好事，在内心中也要像虚空一样不执着、不依赖。一个人既能认真入世、积极负责，又能不计较、不在意个人的得失，这是菩萨的胚胎。菩萨就是要悲智双运，发菩提心：上求佛道求智慧，下化众生行慈悲。所以大乘佛法到了中国，很自然地在暗合道妙的孔孟老庄思想实践的土壤里扎下了根。既认真又看得开、放得下的这种生命价值观，偏在任何一边，都不能构成大乘气象。有些人人品道德不行，自私自利；有些人虽然不太自私自利，但是固执得要命，眼睛里容不下半粒沙子，容不得别人干一点坏事，所谓行善也只是夹杂着强烈的自我意识和感觉，不是纯粹的真善，哪里能成为菩萨呢？自救都救不了。我们在唐朝以前的全民教育，就是以孔孟老庄学说为核心的，遗憾的是唐朝之后慢慢衰落了。所以，当时达摩祖师一看到这种大乘气象，他就能够直指见性。

本自现成——就这样！

直指有两种，一种是指导你返观内照，顿时脱下一切累赘，将身心世界全部舍弃，心中犹如太虚无片云。但是更加痛快的是直接就明示你——这个就是佛。在《金刚经》中，须菩提问佛："善男子、善女人，发阿耨多罗三藐三菩提心，云何应住？云何降伏其心？"须菩提是替已经发了阿耨多罗三藐三菩提心的善男子、善女子来问的。

诸位大德，请你们现在从内心深处至诚地发起阿耨多罗三藐三菩提心——上求佛道，下化众生，度一切众生圆成佛道。在内心中把所有的众生作为救度的对象，作为我们应该奉献的工作范围。这个心量有多大，你要发自内心地去感受。感受到了以后要从内心去体会：一切众生，包括冤家敌对的众生，通通都是我要度化成佛的对象。小到六道凡夫，大到九法界的菩萨，都将其包含在我的责任范畴之内。你要去感受，真实地发起成为一切众生的导师、父母、救度者这样的心，而且是要引导度化一切众生都成佛这样的决心。有些人心性狭劣，心里发虚甚至害怕：人家占了我一个小便宜，耿耿于怀；说了我两句，便夜不能寐。度一切众生，怎么可能啊？其实你不用怕，我们这颗心，是无形无相、周遍法界的，它可以承担一切——你想有多坏，它可以十恶不赦；你想有多好，它可以善利天下，这个心真是万变的金刚！当你真的发起阿耨多罗三藐三菩提——无上正等正觉的心，要成为法界圆满的觉者，在这样的心态中问佛："云何应住？云何降伏其心？"

应住就是安住，降伏其心指的是我们妄想颠倒的心。"汝今谛听，当为汝说"，非常关键的时刻到了，释迦牟尼佛怎么说？"善男子、善女人，发阿耨多罗三藐三菩提心，应如是住，如是降伏其心。"这个直指已经到位了，怎么住？菩提心都发起来了，你要怎么住？！

诸位，你们现在可以模拟一下，让自己发起无上正等正觉的菩提心，你现在满心就是要度一切众生圆满成佛，这个时候佛告诉我们：就这样住。

就这样住，你还要怎么住？就这样住，你蒙掉没有？就这样住，你该怎么住？不用问了，就这样住——这就现成了——没有造作，没有条件，就这样！有条件的都是临时的方便法，无条件的才是生命的本来面目。所以经常听到一些初发心的修行人跑过来说："这个条件不好，那个条件不好；这个人同住怎么样了，那个人在一起又如何说；这个人邪气重了，那个人是不是有附体。"总是条件一大堆。条件是什么？妄想颠倒中所讲的条件全是生灭法，你拿生灭法作为一个台座，那个坐上去的一定就是生灭凡夫。

无条件的生命——就这样！

如是住，太棒了！如果你觉得"如是住"是文言文，理解起来欠点意思，那么翻译成白话，就这样住，就这样坐在这里听，就这样！写字就这样，吃饭就这样，睡觉就这样。打了个妄想：有人来了，我还怎么住？就这样！不是傻乎乎地就这样，傻乎乎的人是无记，是不能"就这样"的，他既不如，又不是。"如是"两个字除了就这样以外，如就是不动、无条件。体会一下——不动、无条件：要求自己不能打妄想，就是有条件；要求自己要诵多少经，要打坐几个小时，就是有条件；说自己睡觉算了、不做事了，又是有条件了。你说既然这么简单，那我明天不上早殿了，还是条件，有条件的全是颠倒。你也不要给自己找借口说，这个条件谈完后，下个条件我不要了，已经是离题万里了。如是，是指当下、现在、现前。禅宗为什么告诉你吃饭穿衣即是佛法，运水搬柴无非禅机？释迦牟尼佛在《金刚经》中，"应如是"三个字，就已经直指到底了。

大家再体会一下：就这样是什么样？无条件地就这样，没有条件。既然没有条件就好办了，你眼前看到的一切山河大地、一切身心世界通通都叫有条件。所以，当你内心就这样的时候，触境逢缘根尘不会勾结、缠绵，没有任何东西可以染污你了。脑子里面还要想，我是男的，我是女的，我是出家的，我是在家的，我的学养不够，等等、等等，全是有条件。无条件是你生命的本来面目。修行几十年那么辛苦，天天都在讲条件，讲来讲去，离自己的家却越来越远，哪里叫修行呢？

直指见性，这个直指之法是一切佛法中的最上乘法。如果有一丝一毫的巧伪取舍之心，你就体会不到"就这样"是什么。一切时间、空间通通是条件，"就这样"没有时间和空间，所以《金刚经》后面反复地阐释无我相、无人相、无众生相、无寿者相。其实整部《金刚经》就是给"如是"两个字做注脚。"就这样"，像金刚王宝剑一样无坚不摧。长寿天、非想非非想天也是条件，菩萨修六度万行也是条件，再好也是条件。直指见性，一竿子就到底，所悟与佛无异。这个"如是"已经住了——因为不住一切法，才是真住，玲珑剔透、圆满自在、无障无碍。因为无障无碍，因为无条件，因为"就这样"，扬眉瞬目、举手投足皆无妨。

当你明白了"应如是住"——就这样住，你再问师父：我需要念哪部经？持什么咒？七遍还是二十一遍？就这样，都不要问了，一切疑问全部涣然冰释。你所问的全是鸡毛蒜皮、有为造作、尘沙都不如的一点点法，而你生命的本来面目，蕴含一切妄有——妄有的本质就是如是住。何等快捷！如果诸位心中还有挂碍，还有葛藤，还有纠结，还有看不开、想不通的，现在就把这些通通打包全部丢弃，直接面对自己当下的生命，问自己云何住？回答——就这样！你举手就这样，放下就这样，点头就这样，微笑就这样，就这样——什么条件都不需要——就这样！

无始劫来我们走了多少冤枉路，蓦然回首，得来全不费功夫啊！本来面目——就这样！烟消云散，虚空粉碎，大地平沉，无条件的生命原来是这样。

如是降伏其心——就这样!

当你明白了"就这样"，佛陀更进一步地指导我们："应如是降伏其心。"疑问来了，师父说的"就这样"没错，可我今天要赚钱，明天要谈恋爱，后天还得嫁人，再后天又要干别的，我又那样了怎么办呀？我告诉你：那样也是"就这样"，这样也是"就这样"，只可意会不可言传。金刚王宝剑在手，佛来佛斩、魔来魔斩、妖来妖斩、怪来怪斩、烦恼来烦恼斩，应如是降伏其心！无论遇到什么事情，只要当下明白，应如是住——就这样住——就这样！来来去去都是客尘烦恼，客人来了会走，一切烦恼妄想都是自生自灭，你不理它，它会没趣儿地自己溜了……没有烦恼会烦到恼到我们，之所以会烦恼，是因为你理它，因为你抓住它不放，因为你和它缠绵，希望得到它的好处，完了！这就是个天大的骗局和陷阱。

你想"顿入无生知见力"——就如是住！直指，如果你的信心不够，不能一步到位呢？佛又告诉我们："应如是降伏其心。"实际上就是悟后起修，这叫直指法门。《金刚经》中，佛直指后，须菩提明白了，可是他一看大众中很多人也不见得明白，怎么办呢？须菩提又再问道：世尊，大家菩提心发起来了，你叫大家就"如是住，如是降伏其心"，具体应该怎么去做呢？您再说详细一点。所以，佛陀在《金刚经》后面的所有阐释，都是让我们从信心上一步一步地理解相信、铺垫、蓄势直到最后的回光返照，当下直接契入金刚核心——如是住，如是降伏其心。所以从五祖到六祖，直接把《金刚经》作为传法宝典，不是没有原因的。从达摩祖师来到中国，"六代传衣天下闻"，所弘所修的就是直指之法。

如是降伏其心，大家明白了么？如果明白了，剩下来就没事了，你诵经、拜佛可以，不诵经、不拜佛也可以，你认真负责做事，吃饭穿衣、运水搬柴，无论做什么，"就这样"是我们人生的背景。

就这样！

阿弥陀佛！

我们看看禅宗的初祖到五祖，五代祖师最初的接机禅法，是以什么样的因缘，碰触到学人内心深处最究竟的本质呢——

第六讲　豁开正眼的直指法

高标不群的顿悟法门

　　上一次跟大家介绍了禅修中心的修行方法，讲到禅宗最早的直指人心、见性成佛的实修方法。我们以《金刚经》的"应如是住，如是降伏其心"为例子，与大家一起学习了直指就是直下承当——把我们生命的所有内涵、一切因缘果报、性空无我，当下全盘表露无余。这需要我们有一颗能够承当的心，如果当下能够承当，在日常生活当中就这样去用功，随时随处都打破时间和空间的观念，远离一切时间的延续、空间的分别，那么，相似相续、分别杂乱通通当下消融——无我、无人、无众生、无寿者，这是禅宗的目的所在。

禅宗从印度传到中国后，通过五代祖师的传承和发扬光大，成为后来独树一帜、高标不群的禅宗南宗顿悟法门。追根溯源，释迦牟尼佛在世时就把直指见性法，透露在讲经说法的各种时机中。佛陀的全部身心都是究竟圆满的觉悟，无有一尘可染，信手拈来、不假造作，自然放光动地。只是我们迷执的凡夫，有眼睛也见不到清净法身，有耳朵也听不到圆满的妙法之音。

禅宗直指的方法，让我们当下扫荡一切葛藤、纠结。现在很多人喜欢用的一个名词叫作纠结——内心纠结在一起，六根和外在的六尘打成一个死结：眼睛被色尘所勾结，耳、鼻、舌、身、意被声、香、味、触、法勾结，难舍难分。每一个人被业力所驱使，就好像牵牛鼻子的绳子，被外界的种种欲望、种种六尘缘影牵着，不得动弹、不得自在，毫无办法。那么，我们想要恢复本来面目，获得生命的真正自在，至少要能够看清楚外在世界和内心世界的真正关系。

我们对自己的心完全不了解，以假设的自我为核心，造作出种种思想、概念和经验，在此基础上产生的种种欲望、价值观念，束缚左右着我们的身心。而这一切的价值观念和思维惯性，全部都是缘起无自性，刹那生灭、无常变化，本身就具有很大的片面性。我们却把它执以为实，执着为自己生命的一部分，甚至执着为生命的全部。将好端端的、自在无碍的真如本心，任其六尘缘影的偏见狭隘染覆在上面，使自己的身心感受不到圆满的整体。体会到的都是七零八落、三三两两、支离破碎，让自己感到孤独、郁闷，一方面嫌这个世界人海茫茫，太杂乱无章，一方面又觉得知音难觅，无所相依。做出的种种判断与选择，都是被外界的知识、思维习惯所左右，随业迁流、随业受报，难以轻松，更何谈解脱自在。

佛法的修行，就是解粘去缚，恢复生命的本来面目。我们不知道生命的本质是什么，只能根据后天所学、所掌握的知识和技能，在这个基础上形成的价值观，以此作为标准，再来认识自己。所以很多人在讲道理的时候，都是公说公有理，婆说婆有理，这个宗教说这个宗教的理，那个宗教说那个宗教的理，听起来好像都有理，事实上都是片面的执着。"空拳指上生实解"，都不是真正的道理。因此，我们要想了解生命的本质，要想知道佛法真正的含义所在，一定要清楚：生命的本质，不受一切干扰，不受后天的各种观念、思想、情绪、物质、形态、价值的干扰，一切都不能干扰它，也干扰不了它，这才是本来面目。

被业力绑定的轮回路

恢复生命的本来面目，要跳出一切既定的思想、概念、执着。跳出来并不是很容易的事情。事实上，有智慧的人，他的内心会越来越空灵，越来越坦荡自在；而智慧不够的人，就像捡垃圾的人一样，每天只会捡更多的垃圾，让自己处在垃圾场中。有些人同猴子掰玉米棒一样，左手把玉米棒掰下来，夹在右手的腋下，右手又去掰玉米棒，腋下的玉米棒掉了下来，然后掰下来的玉米棒再夹在左手的腋下，再去用左手掰玉米棒……反复地掰，反复地丢，反复地捡，一路向前努力地去掰，一路反复地丢弃。从生下来开始，一路的陌生，认识了很多人，又忘记了很多人，做了很多事，又讨厌了很多事。每天都忙着对事物的种种追逐，却忘记了得到的终归失去：你正在享受它的时候，它已经在失去了。不仅这一生这样去追逐，生生世世都是这样去追逐，所以轮回就变得非常非常残酷。你尽一切努力去获得的，终归还是两手空空，什么都得不到，只是把自己这一生的行为习惯、价值观念，养成内心的一种情绪、一种境界。这个也是一种力量，凭借这种力量，又会获取下一场的聚会，下一种情绪的维护，下一种情绪的排斥。种种选择，但是选择来选择去，却不知道会选择的这个到底是谁，所以众生真的很苦。

我们人的一生，何尝不是这样呢？每天行色匆匆，忙着追逐前面未知的种种事物，但到底要追什么也不知道。说他很痛苦吧，日子过得还蛮滋润；说他过得很好吧，确实傻不愣登的，不知道自己的起心动念，随业受报。福报现前，感觉幸福快乐；困厄现前，又感到苦和无常，但苦稍一停歇，很快就忘记了，依然故我。所以很多人修道，很难得到真正大的受用，原因是太容易束缚自己了，没有办法彻底地把有生死轮回、有是非爱恨、有烦恼对立、由种种不良因素构成的世界看透。而是心甘情愿地将自己的身心同时间、空间死死地绑定，于是有是非人我、有爱恨情仇、有烦恼痛苦、有生死轮回，怎么可能真正地放下呢？

我们用心去体会：其实，看透和放下，对我们原本生活的世界没有丝毫的影响和损害，也正是由于我们种种的执着，才导致了今天的轮回和受苦。如果把妄想、执着彻底放下，当下就可以契入——不受这一切烦恼束缚的生命，何其自在！但是我们扪心自问：在生活中，第一，我们并不是过得一帆风顺，特别是一些在家居士，每天还要衣食住行、是非人我，还要赚钱过生活，总是婆婆妈妈的事情一大堆，驴事未去，马事又来，每天能有多少精力投入到修道中呢？第二，让我们真正放下这个世界，好像也不容易，因为你过得还不错，有妻儿、子女、家庭、事业。如果你富且贵，旁边还有人低眉顺眼地尊重你，自己内心还有些许的安宁之处，没有如坐针毡一样的煎熬不安。中国人爱说，小富即安，小安即足啊！其实，外在世界让我们身心所受的苦远远不够。苦受得不够，便体会不深：苦好像不是我，认为苦不是我，就会认为这个世界没有多少苦，隔着一层，还蛮享受的嘛！于是让他放下对时间、空间，对这个妄想构成的世界上的种种概念、标签的执着，实在是非常的不容易。

幽关黯黯不知春

如果没有佛陀出现在世间，正如古德所讲："长夜冥冥何日晓，幽关黯黯不知春。"在三界六道的苦海中轮回，头出头没，就好像在长夜里永远见不到光明，在寒冷难耐的冬天看不到春天的希望一样。我们每个人的心灵在孤独的时候、生病的时候、情绪烦躁的时候、无能为力的时候，种种境遇，因为脚跟不落地，只能随着业风而飘浮，没有一个人能够抵挡业风的吹拂。无论你高兴还是兴奋，烦恼还是忧愁，总是被无数的业力和惯性、种种的外缘驱使着，行进在轮回的路上，好不孤单，好不无助！但事实上呢，这一切的业力都是幻生幻灭、不生不灭的，因为业本身是缘起。你感到孤独，一定是具备了孤独的条件；你感到烦躁，一定是具备了烦躁的条件；你感到失落，一定是具备了失落的条件；你感到安心，也一定是具备了安心的条件。一切的情绪、一切的业力，虽然如幻如化，但是又如影随形，因缘果报，丝毫不爽。

所以在佛法修学这条道路上，我们应该清楚，凡夫之所以成为凡夫，是因为不能认识自己的本来面目，而佛说法就是要让我们打开本来，见到自己的本心。《法华经》说，诸佛如来为一大事因缘故出现于世。什么大事因缘？欲令众生开示悟入佛之知见故。佛陀为了让我们能够具足佛一样的知见，才出现在世间。针对众生坚固的执着，佛采取了无数的方便——种种因缘、种种譬喻，广演言教，欲令众生开示悟入佛的知见。在这一切方便里面，汉传佛教禅宗直指的方便，就是当下从最直截了当的角度契入我们的内心。

在六道轮回中，人道是最有机会见道的。天人太幸福了，无心求上进，而三恶道呢，苦不堪言，丧失了追求幸福和真理的能力。只有人道，苦乐参半，苦多乐少，有强烈的追求真理的决心，才有最好的机会。在人道里面，如果是修行的话，恰恰是最快乐的人和受苦最深的人进步最快。就像佛陀在世，跟随佛陀出家修行的众多弟子，衣食无忧，托钵化缘，就在日复一日的禅修当中，让自己的身心调节到最佳的状态，形成了后来我们看到的各个宗派，包括印度的大乘佛法，中国的大乘八大宗派，还有藏传佛教、南传佛教的修行方法。特别是藏传佛教，有人说，"富喇嘛穷禅和"。因为汉传的禅宗祖师是"一钵千家饭，孤身万里游，为了生死事，乞化度春秋"，喜欢简单修苦行，参禅问道——百城烟水参高德，万里香花结圣因。而藏传佛教讲究对上师三宝的传承和重视，供养自己最好的东西，以表达自己最虔诚的心态和对法的无比尊重。

衣食无忧的顺解脱法

因此，汉传、藏传中的大乘佛法流传得都非常广，这其中有一个道理：出家人为什么要衣食无忧？寺庙里面积蓄有必备的物质、粮食、医药、卧具、饮食，出家人依据佛陀的教导，接受信众的供养。这是因为出家人以修道为根本大事，以弘法为家务，以利生为事业，早晚课诵，参禅打坐，不为别事，只为能够明心见性。如果每天还在为基本的生计操心，对禅修的用心干扰就会非常大。

出家学佛，要积聚福德资粮、智慧资粮，福德资粮有了，不再为衣食考虑，然后自己要全身心地用功办道，以期能够早日识心达本。在没有明白之前，最重要的是先把人做好，修五戒、行十善，让自己内心的贪欲、嗔恨、愚痴、傲慢和怀疑种种烦恼得到化解。当这些烦恼全部得到化解，我们离自己的本心就会越来越近，这是一种修法。

事实上，从印度到中国禅宗乃至后来其他的宗派，如净土宗，虽然不是直指，但也是佛陀的方便，以最适合我们凡夫的方便进行修行——快乐地修行，有吃有住，能够安心办道。八大宗派的修行，都是在衣食无忧的情况下，每天不断积累闻思修的福德资粮和智慧资粮。当这些资粮积聚够了，然后循序渐进，有的人求生西方净土，慢慢地在西方极乐世界里花开见佛，证悟无生之理；也有一些人就在此土，随时提起觉照，让自己内心负面的、不良的、短暂的、局限的、片面的种种杂染一步步地得到净化。久而久之，就走上了顺解脱的道路——顺着这样一个善法，走向了解脱道。顺着这条路一直往下走，就必然会走到解脱的那一天，明白自己的真心是缘起无自性的无我。当然，最后还要临门一脚，才能够踢开生死牢关。如果没有临门一脚，经过无数劫的修行，依然还是门外汉。

这种修行方法适合于不快乐也不太痛苦，日子过得比较悠闲自得的人，不是靠强大的动力推动着走向解脱，而是靠理性的思维对生命加以认知；有迹可循，有台阶可走，看起来路途遥远，不容易出成效，但是对于大部分的人来说，还是非常适合的。

诸佛法要非从人得

这里给大家介绍的，是禅宗特立独行的方法——直指见性。这个直指见性的方法，有一个特点：从达摩祖师来到中国，传到六祖慧能大师，几代祖师受法的经历就是明心见性的经历，足见直指见性确实非同小可！禅宗的直指见性，有一个非常有意思的特点，特别是从初祖到五祖甚至到六祖，从最顶级的传法方式中透露出来的消息——人在极具苦难的时候，才能更好地透露出我们心性的灵光。

没有苦到骨髓，难忍之忍，难行之行，叫天不应，叫地不灵，叫自己又不行，没有面临置之死地的绝境，想把自己的心性彻底脱开，当下承当，那确实是一件不容易的事情。所以我们看看禅宗的初祖到五祖，五代祖师最初的接机禅法，是以什么样的因缘，碰触到学人内心深处最究竟的本质呢？

达摩祖师来到中国以后，历史上处于南北朝时期，南朝的梁朝定都在南京。达摩祖师到了南京，跟梁武帝见面，由于话不投机，于是一苇渡江到了北方，在嵩山少林寺少室山上面壁九年。当时，有位非常著名的禅修者——慧可大师，因为在禅修过程中得到各种各样的神奇感应，便将自己的名字改为神光。他前来向达摩祖师求法，达摩祖师当时毫不客气地说：无上大法，哪里是少智少德、慢心又重的人所能希冀到的呢？神光大师遭到呵斥，丝毫没有动摇求法的决心，那么何以表示自己无以复加的虔敬、赤诚的心呢？他取下了随身携带的戒刀，将自己的一只胳膊砍了下来，当时大雪纷飞，一地白雪变成了红雪……

达摩祖师非常感动，问：你来这里干什么？慧可大师对达摩祖师说："诸佛法要可得闻乎？"你能不能为我开示一下佛法的最极精要啊？达摩祖师说："诸佛法要非从人得！"不是从他人那里得来的。意思很明显，如果向外去驰求，连门都没有，再经历无数劫依然还是心向外驰无法受用。所以这句话就把我们凡夫无始以来坚固形成的向外驰求、对外依赖的习惯，一刀截断了。"诸佛法要非从人得"，不是从他人那里能够得到的。

这个时候，慧可大师的断臂在流着血，痛彻心扉。我们可以感受一下，十指连心，一个指头用针扎一下，立刻痛到难以忍受，这是整个一条手臂啊！千钧一发之际——时节因缘到了这里：了不起的善知识就在面前，对他的信心是以生命为代价全身靠倒，所以当手臂砍落在地后，他还在追问诸佛法要你能不能给我开示一下。达摩祖师就直截了当地告诉他——诸佛法要非从人得。这句话其实已经把法传给你了，你从他人那里得来的，怎么可能是诸佛法要呢？因为法本无生，取不得，舍不得，本自现成具足啊，拿也拿不到，舍也舍不掉，失也失不了。所以他直接告诉你，不是从他人那里得来的，非常直截了当。

这时的慧可大师真有点"蒙"了，一腔热血，用断臂的方式表达了求法的决心，请求达摩祖师传授佛陀的正法眼藏。不料达摩祖师一板子把他顶了回去——诸佛法要非从人得，不是从他人那里得来的。是从哪里得来的呢?! 他马上将注意力返回到自身，身心内外啊，八万四千个问号，处处指向内心。当他全神贯注地回到当下的时候，断臂胳膊万箭穿心剧烈得难以忍受的痛苦，弥漫在全部身心。他对达摩祖师说:"我心未安，乞师与我安心。"我的心不安啊，请师父给我安心吧——在这种剧烈痛苦的当下，想求得安心，谈何容易!

什么是连锥都没有了?

不是真正苦到极致，体会不到轮回苦到极致，你哪里会有全身心求出离、求解脱的决心呢! 慧可大师全身心都被剧烈的痛苦所吞没，这个心不是一般的手指头被针扎了一下的疼痛，不是你叫几下后又能笑起来的。很多人今天说痛苦，明天又嘻嘻哈哈的。让他用功吧，不用功; 不让他用功吧，又在那里哭爹喊娘: 就是随着自己的业力，实在是非常的无奈。而那种难以接受的痛苦，简至要活不下去了的感觉，又是什么呢? 禅宗祖师说过一句话: 去年穷不算穷。去年穷，穷得没有立锥之地; 今年穷才真算穷，穷得连锥都没有了。什么叫连锥都没有了? 这个世界上我们信以为真的时间、空间，没有你的立锥之地，你的脑子里连一个灰尘，过去、未来、现在，任何一样东西、任何一个概念都不能找——凡是看到的、听到的、想到的一切的一切，甚至信仰，哪怕是对三宝的信仰，世间的种种福田，一找就有立锥之地了。你只要找到什么，那个就是你轮回的罪魁祸首。所以慧可大师的这句"我心未安，乞师与我安心"，诸位千万不要把它视同儿戏，同自己那点"为赋新词强说愁"的小郁闷和唱着山歌一样喊自己烦恼相比较着去理解，那样根本体会不到那种从骨到髓、从皮到肉的痛苦，彻头彻尾、彻天彻地，唯独一个痛字！这时，雷霆万钧之重，稍纵即逝的刹那，身心世界的全部力量积聚在此——将自己的法身慧命全部虔诚地呈现出来，请师父为我安心！

这是一种什么样的感觉啊！此时，师父的任何一句话都是金刚王宝剑，绝对没有丝毫商量的余地——自己是什么人？师父是什么人？自己是全身心沉浸在痛苦当中的人，而师父则是全部身心都透脱了痛苦、完全解脱了的圣人。他的请求中承载了多大的分量?！不仅是身家性命搭上了，自己的身心世界全部都作为砝码，押在了天平上。此时有根针掉在地上，也一定会清清楚楚。所以达摩祖师接着他"吾心未安，乞师与我安心"的话，说了句："将心来，与汝安。"把你的心拿来，我给你安。

全神贯注啊，神在何处呢？痛，只是剧痛！胳膊已经掉在地上了，痛的是手还是身体？还是妄想？手不是自己的心，身体也不是自己的心，妄想也不是自己的心，那什么是心？当他至诚至极再寻找，寻寻觅觅，凄凄惨惨啊！从无量劫来的轮回直到今天，千钧一发之际，全部的注意力都倾注在自己身心疼痛的当下——让自己感受到痛的这个东西是什么?！通常人们好像不费半分钱似得，哎呀，我心很痛啊，我心很烦呢，可以说就是睁着眼睛说瞎话。你以为心很疼，你以为心很烦，你看仔细了，有那个心在疼、在烦吗?!

扫荡一切妄念情执

只有全神贯注啊，扫荡一切妄念情执，让所有世间的干扰点尘不沾的时候，用最直观的内照的智慧，观察身体——身体能交给师父安心吗? 显然不行! 身体随时随处在生老病死、忧悲苦恼的变化之中; 观察妄想——认为自己痛的妄想能交给师父安心吗? 更不可能! 当你意识到妄想时，它已经溜了，无迹可寻，当下全处清净。那么身体不是，妄想不是，"切忌从它觅，迢迢与我疏"啊! 那自以为是的痛苦，那个心的本来面目到底是什么? 围追堵截、密密提持，再密密提持，山穷水尽了，就在这一刻，身体没有了，妄想没有了，全神贯注的当下，疼痛的感觉也全然化解。因为痛完全是我们身体的感受，有受皆苦，受只是缘起法的一种业力牵引，本质是空。就在这个当下、这一刹那，外在的物质世界、身体的种种假象、思想的种种迷乱颠倒，都被当下觑破，他如实地向师父汇报说: "觅心了不可得。"

讲得太准确了! 觅心，从身体找到妄想，从妄想找到自我意识、自我感觉，在自我意识、自我感觉上继续追究下去，哦，无有一法可得。没有受者，没有寻找者，内无一法可立，外无一尘可染，内外透彻，了然无物。只有把自己的生命真正当一回事，只有直面自己生命中最极痛苦、最极困惑的时候，他看到并把这个答案呈交给师父——觅心了不可得。这个时候，直指来了：达摩祖师说"与汝安心竟"，把你的心已经安好了。什么意思啊？本来一切法就不可得，我们之所以在轮回受苦，就是因为有个我。有了我就有了我所——我的心、我的意、我的法、我的妄想、我的执着，有了贪、嗔、痴、慢、疑，然后就有我对外界的种种追逐，人我是非纷起，种种幻相千姿百态。但无论你轮回了多久，受了多少苦，我们内心的本质依然还是无我，只是了不可得。

重在见地透彻

无明大梦，凡夫沉迷其中，业力牵缠，认贼作子，忘记了真如本源，从来没有想到过应该醒过来，一直就是这么认认真真地流浪——流浪在世间的名闻利养上，流浪在妄念情执上。今天想这样，明天想那样，想、想、想，把自己脑袋都想傻掉了，原来了无一物。犹如长风刮过松林，听其声响，但能见其踪迹吗？犹如虚空，虚空需要什么吗？虚空不做多余之事啊！

大自然万物生生不息，自有它的因缘果报；我们生命中出现的种种际遇，自有它的因缘果报；你的每一个起心动念，也是因缘果报。但是无论你起了多少心，动了多少念，造了多少业，生命内在的本质依然还是了无一物，这也是直指的最要害处。所以，达摩祖师能够在千钧一发之际给慧可大师安心，不是说你觅心是无所得的，然后心就安好了，不是这样，如果这样的话太便宜大师了。我们现在就是太便宜了，没有苦到恳切，没有让自己逼不得已，根本就放不下身家性命。不要说身家性命放不下，两句闲话就随境界跑了：人家一句"哎呀，你脸色有点难看"，自己马上心里就犯嘀咕；某某人又说你坏话了，心情立刻不爽、郁闷了，根本就不是什么修道人。

一个真正修道想得到解脱的人，这一辈子活着，不能利益天下众生，就毫无意义。将自己的种种追求、种种欲望、种种颠倒彻底看破，才能够回转根尘，才能够转过身来当一个修道者。如果心中藕断丝连，嘴巴说得好听，内心总是留有余地，哪怕是佛陀亲自给你直指也是没戏。你能够在当下真的把身心世界全然看透、舍弃，这个时候不讲任何价值观念和标准，回过心来看自己的本来。达摩祖师告诉你，觅心了不可得，才是与汝安心竟，本质天然。所以达摩祖师一讲，慧可大师当下大彻大悟，达摩祖师就把禅宗的心地法门付嘱给他。怎么样付嘱给他呢？达摩祖师讲："吾本来兹土，传法度迷情，一花开五叶，结果自然成。"就是说了这个法以后，让迷失颠倒的众生不要再骑驴觅驴啦！所以大家一定要知道，直指之法重在见地透彻，一透到底。见透了以后，再回过头来历境练心，历一切境如入无人之境，历任何境都无我、无人、空空如也，连空也不需要，了不可得。只有这样，见到了本真，才是得大受用。

阿弥陀佛！

> 无始劫以来轮回的脐带，就连接在妄想、身体和身外之物的业缘上，当你把这些业缘当下了断，自然就剥离了轮回对你的牵缠和束缚——

第七讲　了不可得　有何不了？

觅心了不可得

禅修方法中非常重要的直指见性法门，上一次我们讲了，达摩祖师与二祖慧可大师的直指见性之法。二祖断臂求法的时候，那种全身心的投入、全身心的付出，在胳膊砍下来痛彻心扉的时候，他提出来说："我心不安，请师父为我安心。"这一请，就把自己整个生命中所有的力量都集中在这里，绝对没有半丝虚幻的地方。

我们平常也经常有疑惑，也经常请师父开示，但是大部分的疑惑都是可有可无的，都是些生活当中婆婆妈妈的鸡毛蒜皮的事情，没有对生死大事痛彻心扉，没有对身心世界的绝望痛苦，所以问得有气无力。师父无论怎么回答，在我们身上所起的作用，也就变得可有可无了。二祖慧可大师在痛彻心扉的时候请求为其安心，为什么达摩祖师只是轻轻地回他一句"将心来，与汝安"，把心拿过来，我给你安。因为在千钧一发之际，命若悬丝，所有的注意力都集中在这个痛点上。所以当他听到达摩祖师说"将心来，与汝安"，一定是犹如晴空霹雳。

这个心在哪里？怎么拿出心来让师父给安？观察自身，观察所有的觉受，观察自己的妄想，乃至观察天地万物、一切宇宙的森罗万象，这中间根本就找不到一个需要安心的东西啊！所以他回答祖师的这句话，就是把整个命根子都搭在了上面——觅心了不可得！不是轻轻松松地师父叫你"将心来，与汝安"，然后你在那里打妄想：这个心是不是没有了？我的心就是佛……不是在那里打妄想，而是觉照的力量贯穿在自己整个的身心和世界。当他看到自己身心内外无有一法可得，点尘不染，实际上他已经看到了心的本来面目。他回答达摩祖师，觅心了不可得，是站在本位上看的。什么叫本位？就是真如守住了本位，就不再生死；真如不守本位，便流浪生死。我们从生到死，从早到晚，都是围绕着我执，被妄想、贪、嗔、痴、慢这一切烦恼所驱使。如果能够截断众流，再来回光返照看自己的心，那个快乐的心、痛苦的心、乱七八糟的心，没有一个心能够代表当下无求无妄想的心。

粘着多深　痛有多深

当时慧可大师的全部身心世界只是一个痛，痛彻心扉啊，绝对的专注——这个痛到底在哪里？心痛？除了缘起的对身根的执着，心的本身从来就没有痛过。所以慧可大师回答了——觅心了不可得！这里面非常重要的一点是：我们大家平常在生活中，你粘着什么，什么就会给你带来痛苦；你粘着得有多深，痛苦就有多深！通常的人对财色名利太在意，别人说几句就能让他忐忑不安、暴跳如雷。但是大部分的凡夫，与生俱来的是对自己身体的执着——俱生我执，从生下来就开始执着这个身体为我。所以身体上有一点点反应，就马上关注它，想办法保护它，舍不得、放不下。

事实上，这个身体完全是按缘起法的规律运行的，受物质条件和环境因素的束缚，受时间和空间的局限。可是我们这颗心呢？从来就没有受时间、空间的局限。身体受空间限制，此时坐在这里就不能坐在家里，选择了坐着就不能同时站着。这颗心呢，你坐在这里可以想到家里，你坐着可以想到站起来，站着也可以想到坐下去，它是不受空间限制的。身体同时也受时间的限制，从生下来那一刻，我们就逐渐走向死亡，没有哪个人能走回头路的。什么返老还童、青春永葆，全是骗人的鬼话，因为世间是无常的。而这个心则不受时间限制，你今天可以想到昨天，也可以想到明天，即便什么都不想，过去、未来也能够清清楚楚。之所以不能知道未来发生的事情，是因为太固执眼前的事情。妄想会受时间、空间的限制，比方说我想到杯子，它就停留在杯子上；没有妄想就无法限制你了。

我们看禅宗历史上著名的金碧峰禅师，他在坐禅入定时，超越了时间和空间。那时他的阳寿将尽，于是黑白二无常拿着铁链，前来捉他去阎罗王那里，结果找了半天找不到他。黑白二无常东寻西找，最后找到土地公问：金碧峰禅师到哪里去了？并请土地公一定帮忙。土地公出主意说：金碧峰什么都不爱，就是喜欢他的紫金钵，找到这个钵轻敲三下，他肯定能出来。黑白二无常找到金钵，用铁链轻轻敲了几下，金碧峰果然心动了：谁在敲我的钵呢？大家看，祖师是什么都不粘着了，但唯独在意这个钵，把我和这个钵粘在一起了。心灵本来像虚空一样点尘不染，我们不懂得心的本来面目，偏偏要人为地去粘着它。就这么一点点执着，就这么一点点粘着，苦头、伤害就来了。

金碧峰禅师听到敲钵声出定了，黑白无常的铁链马上挂到了他的脖子上，但金碧峰禅师毕竟是个大修行人，他说："反正是走，先容我片刻，有点事把它办完。"如果是一般的人，肯定是没有商量余地的，但毕竟是金碧峰祖师，黑白无常犹豫了一下说："那你抓紧，就等你一会儿。"这时，祖师把钵拿起来往地上一砸，摔了个粉碎……待黑白无常反应过来，他双腿一盘，讲了一句话："无常要捉金碧峰，除非铁链锁虚空。"

所以我们平常这颗心，执着了身体，就痛得不得了，但是你真的能够从身体当中解放出来，它一点痛的感觉都不会有。就像生活中很多人，对物质的失去会很难受，但如果是一个修行有道的人，就能够看清楚：妻财子禄、外在的一切，同我们的生命和心只是粘着的关系，别的什么关系都没有。仅仅是各种因缘将其纠缠在一起，形成了各种关系，你也放不下，他也放不下，生生世世就上演着轮回这出戏。《楞严经》里面说："汝负我命，我还汝债，以是因缘，经百千劫，常在生死。汝爱我心，我怜汝色，以是因缘，经百千劫，常在缠缚。"无始劫以来，凡夫就这样把自己的身和心捆绑得紧紧的，执着情爱——业债的负债还债。而二祖慧可大师则能够在非常痛苦的情况下将执着的心解放。

偷心不死的自留地

我们可以观察，到底是什么捆住了自己？有什么让你放不下的，那个就是你真正的敌人。因为就是那个放不下和执着，使你生生世世在这里轮回受苦。我们做人痛得还远远不够，总是觉得生活中还有很多可圈可点的地方，还有梦可追，有戏可唱，有余地可留，祖师说这叫"偷心不死"。总是抱着侥幸的心理想：我死的时候没那么痛苦吧，不会到三恶道去吧，我这么好的人怎么能下三恶道呢；我来生还会遇到佛法，还会继续修行的……总是给自己找很多的借口和理由，却不知道你如果当下不能解脱，再轮回无数劫也还是不能解脱；如果再次想要解脱的话，还得从这条路回来——从物质和精神的种种妄想、种种粘着中，凡所有相，皆是虚妄，从这些虚妄的相当中解脱出来。但我们就是不到黄河心不死，不到痛到极致的时候，想放下也是不太容易的。

我们发现，很多人遭遇到生活的打击和重创的时候，就想到了佛陀的保佑和救赎；日子过得好好的，早就把佛忘到九霄云外去了。痛苦反而使人变得冷静，二祖就是在身体极度的痛苦下，从对身体的执着中跳了出来，这是他明白心的一个关键所在。如果我们大家还在为生活中很小的一点事情生气，怎么能够解脱呢？所以禅师有时候会让我们修苦行，棒喝我们，甚至在大众面前令你难堪，让你无地自容，其良苦用心是为了让你体会到苦。只有你苦到极致了，什么面子、什么心中的自留地，不扔也得扔，没有任何商量的余地。只有这样，你的心才会从这种种的事相中解放出来。

种种执着的凡夫心

我们看到过很多濒临死亡的经验。有些人出车祸，或者病危被抢救的时候，一开始痛不欲生，但是痛到极限，痛到昏迷的时候，反而一点都不痛苦了，甚至很快乐。此时，心灵从身体上游离出来，自己在天花板上目睹医生们是如何抢救他的，眼见自己全身插满了管子、起搏器、呼吸机等，惨不忍睹，但是他内心却非常愉悦。这个跟我们佛法说的，人在死亡之前不能动他，好像有点区别。因为你一动他，在情绪上他会更加痛苦，但是当身体痛到极限的时候，往往会在极限中反弹。诸位在打坐的时候，也可以尝试一下，如果你的腿非常痛，痛到极致，忍无可忍，再忍一下，说不定好戏就要上演了——心灵从对身体绝望痛苦的粘着中彻底剥离解放出来，所谓"皮肤脱落尽，唯有一真实"。

平常我们认为的心，其实就是种种执着而已。比如说，我心想你了，我心想要做一件事情，我心发得很大，想要去度众生，我心想这个人真坏，我心想这个人是个善知识……你所想的那些总是在不断地粘着。当你的心粘着在一个事物上，你内在的妄想就开始冒出来。我们生生世世不就是这样吗？过了一村又一店，过了一店又一村，永远都是在外流浪。因为你粘着了这个，等这个结束了，有时还没有结束，马上又去粘着那一个。在家粘着在家人的情感和生活，出了家以后又粘着出家人的生活方式，粘着各种寺庙和各种情感，从一个火坑跳出来以后，又掉进了另一个火坑。学佛之前执着痛苦，学佛之后，又觉得非这样不行，非那样不可，搞得自己还是很束缚、很纠结，照样痛苦，心不停地被外物所粘着束缚，被捆得死死的。

没有让你走到痛不欲生的地步，心里总是要活泛，总也死不掉，总想留有余地。打坐用功也是一样，坐在那里想想这个禅定的觉受，希望再舒服一点，总觉得让自己舒服才是好的。有很多人有了禅定的功夫，我执反而更加坚固。听了一些佛法，懂得一些道理了，出去跟别人一讲还挺管用，甚至挺灵的，慢心马上溢于言表，觉得我是懂佛法的人。实际上同真正让我们受用的佛法毫不相关，只是跟佛菩萨结结缘而已。

当处常湛然的心

直指的法门，就是让我们这颗心生起般若的智慧。般若如大火炬，四边皆不可着，一着就把你烧坏了。无论你觉得心里是有、空、非有非空、亦有亦空，是快乐、痛苦，还是不快乐、不痛苦，还是又快乐、又痛苦，种种执着通通都不能沾边。你沾到哪个边，那个边就会最终拖着你的后腿，让你下地狱。因为拖着你就能让你再轮回，只要在轮回中，有一天就会轮回到地狱里去，这是必然之理。

大家可以当下回光返照，看看自己的心还有没有被东西捆着。你捆它？还是它捆你？其实万法无咎，唯心自作，一切万物都没有过错，男女老少，生老病死，春夏秋冬，冷暖寒热，一点过错都没有，按因缘果报的规律自然呈现而已。但是凡夫的心却处处同自然规律过不去，处处想摆平我们外在的生活环境，处处想树立起自己的标准——非这样不可，非那样不可，思想沉重得像灌了铅似的。

其实，我们的心性始终是"当处常湛然"，一切法没有一样东西会粘着你，除非你自己去粘着它。我们看虚空，这个世界上有一样东西能够在虚空中安住么？没有办法在虚空中安住啊！当万物在虚空中呈现的时候，无论怎么呈现，虚空依然还只是虚空。就像我们这个教室，大家不来的时候，教室里面空空的；虚空有容纳我们的功能，我们坐在这里；讲完课以后大家就走了，虚空不会把我们留住。如果虚空能把人留住，这个世界就不会有跳楼自杀成功的人，他跳下去虚空把他接住就是了。人的生老病死、爱恨情仇，我们这颗心也不会挽留劝勉说，你不要老，你不要死，你不要爱，你也不要恨，这个心才不管你呢。你造了什么样的业，那个业就如是呈现出来。这颗心也从来不会把这种种留住，它要呈现就呈现，不呈现就不呈现。所以，"心本无生因境有，前境若无心亦无"。我们正因为执着了这个身体，执着了内在的情绪，执着了自己的种种观念、想法，所以我们才会受苦，苦就苦在心总是随着外境去流浪。

世间是无常的，随外境流浪的心也是无常的，所以人变脸比变天还快，确实如此。这颗心只要粘着在一个事物上，一定会变脸比变天还快，为什么？就像我念阿弥陀佛，我一念出来，它就过去了，你说变得有多快？我念阿弥陀佛，"阿"念出来，念"弥"的时候，"阿"就过去了；念"陀"的时候，"弥"就过去了；念"佛"的时候，"陀"也过去了，念完了都过去了。人生不就是这样吗？你喜欢的喜欢完了就过去了，讨厌的讨厌完了也过去了，随时都在变。我们想要快乐的感觉，想要舒适的感觉，想要这种感觉、那种感觉，那你就永远在流浪，看不到自己的心原本就如同虚空一般。

用功不受用的原因

二祖断臂求法，是在极度痛苦的状态下，真正放舍了一切来观察自心。生活中没有这种痛，种种诱惑我们是抵挡不住的。很多人辛辛苦苦一定要赚钱，一定要盖房子，一定要买豪车，生活讲究得不得了。一旦得了癌症，什么都舍得，没有一样舍不得，保住老命要紧，别的什么都不要紧了。人对自我的执着，是超过一切的。当然也有人更执着内在的思想，就算他的身体可以去自杀，也要让自己的思想快乐一下。痛苦受不了了，身体受不了了，他以为自杀能够解决问题。其实自杀根本就解决不了问题，只能让他对内心情绪的执着更加严重。二祖因为胳膊砍断掉落雪中，那种痛苦是把全部的自心力量贯注在此，其他的任何东西，自然而然就被屏蔽掉了。

大家修行不能专心致志，一坐打下来也不受用，是什么原因呢？外面的信号太强了——诱惑太大。你的心自然被外界牵着在流浪，没用百分之百的心力去用功，怎么可能有百分之百的受用呢？只有聚焦才有力量，只有全部的力量集中在一起再来观察，当他看到身体的痛、身体的无常，其他所有的想法都没有了。在这个痛当中将自己剥离出来，从对身体痛苦的粘着中超越了。不知道诸位有没有过这种体会：有些人在生活中受到严重打击，在特别痛苦的时候，脑子里一片空白，别人看他好像傻傻的。因为痛到骨髓里面去了，他反而不觉得痛苦了，照样吃饭、睡觉。其实那个又痛又不痛，自己脑子又清醒，这个最难受！解脱不了，放又放不下，提又提不起；反而是彻底痛了，他一定会把它扔掉的，因为我们的心灵有屏蔽一切痛苦的本能，苦到极致，抛弃思想和身体的两重执着，它自然就从粘着中解放了，所以二祖才能够看到说："觅心了不可得。"

只是一个舍字

"了"就是非常的清楚。如果还有一个灰尘舍不得，还有一个观念、一个想法舍不得扔掉，你就根本无法看到心的本来面目——了不可得。诸位把注意力放到自己的内心，看看自己：就在此时此刻，有没有一点点让自己的心舍不得的？当然有一个保障，先可以告诉大家，当你的内心彻底舍掉这一切的时候，并不意味着你的家人都没有了，或者你的生活就变糟了，工作就丢掉了，不是这样的。丢掉的是你的粘着，而不是你的生活，更不是你的生命。你担心什么都扔掉，是不是就没命了，那还怎么活？不需要有任何担心，因为只有彻底舍掉，舍得干干净净，你才能体会到作为一个众生，有着一颗跟佛一样的心，它是个什么样的状态，才能够活在一个无伤害的生命中。

禅宗的直指无非是解粘去缚，因为你粘着在哪一点，那一点就会使你受伤。特别是一些有知识文化的人，那一点知识文化，如果让你变成一个傲慢不堪的人，痛苦就会非常明显，像铁链子一样锁着自己的思想，怎么能解脱呢？我们也不要担心说：当我全部舍弃了以后，脑袋变傻转不动了，讲话也不成句了，诗情画意全无了，绝对不是！内心所有的尘埃在当下舍弃干净后，我们不妨仿效一下二祖的断臂求法，大家具足信心，假设自己的胳膊已经被砍下来了，此时，看看自己对这个世界还有哪些留恋？还有哪些让你觉得放不下？再进一步，现在直接就面对死亡——砍掉的不是胳膊而是脑袋，你对这个世界还有什么需求吗？场面、情面、还是体面？"不亡以待时尽"啊，虽然现在是仿效，但无常总有一天会让我们真实地面对死亡。更何况我们每一个念头的生起，它马上就过去了，当下念头的生起就是一个生，念头的过去就是一个死，每个念头都在生生死死……所以连一个念头都不能留在我们的心中。

六祖大师说："我此法门，以无念为宗。"因为有念就有生灭，一念生起即是生灭法，无念才没有造作。而无念之心，一定是外境逼着你，让你痛得受不了了，让你彻底地、发自内心地舍之而后快。如果没有体会到人生的种种苦难，不要说舍弃一些荣华富贵，就是让你舍弃一点我慢的习气，让你谦卑一点，忍两句不顺耳的话，你都会说：凭什么？这是内心对无始劫以来业习的坚固粘着，实在是要不得！

不安的心就是妄想

直指在哪里？不指别处，当指自心！除心以外，一切万法确实了不可得。我们不要以为慧可大师说"觅心了不可得"，于是心里就想：哦，心是没有的。这是哪儿跟哪儿啊！当达摩祖师叫他把心拿出来的时候，因为他前面是心在痛，心不安，诸位观察一下：你那颗不安的心、不舒服的心到底是什么心？就是妄想！要么是对身体的执着，要么是对脑子里面某种概念的执着，要么是对打坐当中出现的某种情景的执着，要么是对生活中人际关系的执着。这些概念、现象，在脑子里面出现的，通通都是妄想！你想把这个妄想安住，它怎么能够安的住呢？在你想它的时候，它早就不知流浪到哪里去了，想的那个东西刹那都在变化，想的本身一想出来它就过去了，每个念头都是在生灭当中。

所以，不能回光返照，看自己打妄想的这个心是什么，而是看自己到底打了什么样的妄想，这有什么用呢？你再看无量劫，依然还是在轮回！总是在想：这个情景怎么样，那个打坐的境界怎么样，我看到了什么，我听到了什么，我想到了什么，这些通通都是了不可得的。看上去是真实的，像大家坐在这里，人是人、脸是脸、手是手、胳膊是胳膊，各个都很清楚，但一切缘起的当下，跟你的心毫无关系。除非你的心粘着它了，不粘着它，半点关系都没有。虽然眼前这么多人，心不粘着，像虚空一样，视而不见，听而不闻。听了半天感觉跟没听一样；看了半天，看见这多人，也跟没看见一样，所对的境一旦看清楚了——了不可得，就从这个境中剥离出来。

"了"是了断，了断了原来的这颗心——妄想的心。特别是我们脑子里琢磨的，这是不是开悟，是不是禅定，是不是我的真心，是不是如来藏，是不是意根，是不是第八识，通通都是妄想！甚至有人还经常问师父："我是不是证了初果罗汉？我是不是悟了？我见的是不是第八识？"能见所见全部都是粘着。有一点粘着，只能是轮回有份啊！

所以释迦牟尼佛很了不起，讲经说法四十九年，又说没说一个字。《金刚经》说："若人言如来有所说法，即为谤佛。"为什么是谤佛？因为佛是无业行人，没有造业，身业、口业、意业三业都不造，这才叫净业。净业就是无业，并不是傻掉，也不是变得麻木了，而是了不可得。

"了"的两层含义

这个了就是了生死，有两层含义：一个是了了分明，了解知道了这么回事；一个是了断。

了解是从见上透过去，从理上透过去。通过听经、闻法、思考，或者当下回光返照，明白了原来这个心是没有相的，亘古亘今，不生不灭，从来就没有造作，没有变化；而且它玲珑剔透，我讲课时大家坐在这里听，心里没有粘着任何东西，没有是非人我，连个尘埃也没有，干干净净，却能看得清楚、听得清楚，这叫了了分明。所有一切的对立、痛与不痛、安与不安通通都没有，这叫了——了解的了，了了分明的了。理上一旦透过去，就不希望在自己的生命中，再安一个什么概念。有句话叫"佛头着粪"，你的心已经很空，得到自在的受用了，非要再给自己安立一个名称或概念，说这是圣人，这是凡夫，这是什么境界，完全是多余的。佛的头本来是至高无上的，是最伟大的无见顶相，你还要安一点粪便在上面，臭烘烘的。你的生命只要有一个概念粘在上面，一定是错的，所以要了——了无痕迹。

第二个是了断，这叫事相障，这是功夫。只要你直截了当，自己就能感觉到，在不同程度上已经舍弃掉对身心的执着，好像婴儿诞生的时候，那个脐带已经被剪断，从母体当中分离出来。我们无始劫以来轮回的脐带，就连接在妄想、身体和身外之物的业缘上，当你把这些业缘当下了断，自然就剥离了轮回对你的牵缠和束缚。这种剥离也是看到一切外相上的了不可得，不只是我内心的了不可得。内心是理上的了了分明，回光返照看到自己的心什么都没有，很清爽，当然连清爽这个概念也不可以有。事相上的了断，就是看见了这个痛也是没有的，真正地体会到它们的了不可得。

功夫在哪里做？

我们用功修行，去体悟身体是四大假合，五蕴非我，了不可得。身外的一切也是缘起假合，同样了不可得。如果我们一直习惯性地去执着——执着情绪，执着情感，这些执着一旦形成，头脑中就会有图形出现，类似做梦。有些精神失常的人，脑子里会出现某种情景，那些情景可能是他讨厌的人，也可能是他敬重的人，或者同他有瓜葛的人，但全都是不真实的，只是由于坚固的执着而导致的种种幻觉。如果了断了对身体实有的执着，同样也看到了受、想、行、识，甚至禅定当中，或者日常生活中的情景和人物，全部都是缘起的本质，同样是了不可得，在理上就透过去了。在事相上由于痛的缘故，让二祖深切地体会到这种了不可得，这个痛马上就消除了，所以他才能够说出"觅心了不可得"。

在理上要确认，自己所有的心思、所有的聪明，种种想法、种种分别，千万不要以为自己很有才能，那都不是你的，压根就什么都没有。《心经》里讲得太清楚了："五蕴皆空，无眼耳鼻舌身意，无色声香味触法……无智亦无得。"一无到底，一无究竟！智慧、道德、得到，通通都是有得有失，通通都是无的。内在的心空到极致，外在的物也要空到极致，这确实有一点难。但是真正明白的人，做功夫就在这里做。对于悟后起修的人，往内看已经看到无有一法可得，对自己的一些功能、神通、感应、菩萨保佑等等，对这一切一定要看清楚，全是妄想颠倒。就像在现实生活中，有人对你特别好，要知道这就是妄想颠倒，并不是有一个实有的人让你感受到快乐幸福，实质上，一切物质的事相，本身就是了不可得。明白了不可得之后，当下的身心会发生巨大的变化，以前所有干扰自己生命的观念、情绪马上消融了，从此再也不会有问题。

我喜欢用一个简单的比喻：假如地球是一个球，拿起来砸到你的脑袋上，把你砸成粉碎，球也粉碎了，其实，你的内心依然还是了不可得而已。这是什么概念？禅宗祖师喜欢用虚空粉碎、大地平沉作比喻——心中所有的概念粉碎掉了，山河大地一切外物，一切当下了不可得。这不是嘴巴说说，也不是把这些文字记在脑子里，他真正体会到了。所以懂得参禅，当下回光返照看自己这个心了不可得的时候，一切障碍马上消失。障碍消失了，这颗心还会有不安吗？所以达摩祖师就说"与汝安心竟"，把你的心安好了。

阿弥陀佛！

人之所以流浪，是因为找不到生命的根。生命的根在哪里呢？就在我们的每一个起心动念处——

第八讲　心念演绎生命全过程

弃家逃离的凡夫

上一讲跟大家讲了禅宗直指见性的法门。汉传佛教最主要的特点就是禅宗，自达摩祖师把大乘禅法传到中国以后，一直到宋朝的大慧宗杲禅师之前，都是以直指见性为禅宗的主要法门，即所谓的教外别传、不立文字、直指人心、见性成佛。佛所悟到的生命实相就是真心、佛性，是人人本具、不假造作的，你不修是如此，修了也是如此。天堂地狱、善恶苦乐一切外在的因缘果报，都是真心和我们的佛性，遇到不同的业因、业缘所呈现出来的。我们凡夫粘着在外相上，忘记了这一切相的根本才是我们的本来面目。只抓住了因果缘起的一个表象，就像生活在表面的一张皮上，内在的骨肉精髓全都忘记了。

凡夫的生活，起心动念，苦乐纷呈，有情绪、物质组成的身体，以及外在的财色名利。种种外相，我们好像看得很清楚，以此为实，贪着放不下；对内在的本心，却很少去关注，而内在的本心才是我们的真心。我们的一切资生产业、衣食住行、言谈举止，都是从我们的一念心延伸出来的，或者说从一念心之后才展现出来的。这个一念心你不知道，弃家逃离，就永远找不到生命的依靠。所以六道众生永远都是在外流浪的孤儿，因为心灵的根没有找到。

禅宗的直指见性，直截了当地从我们生命的根本上下手——先回归生命家园，再慢慢地清理卫生，继之登堂入室，归家稳坐。如果找不到自己生命内在的家园，也就永远都找不到生命安住的地方，向外驰求。听别人说这样是好的，那样是坏的，这样是漂亮的，那样是难看的，永远拿着积累的一大堆观念，去衡量别人，衡量这个世界。这叫向外驰求，随业受报，流浪生死。

什么叫上根利智？

禅宗让我们把看到的、听到的、想到的、接触到的通通都扔掉，把注意力完全向内观察自己。一开始会看见自己很多的妄想，东想西想。看不到妄想就在那里傻傻的，感到自己好像模模糊糊地什么都不知道，这一切全部都是被无明覆盖的状态。凡夫吃饭，知道是好吃还是不好吃，走路，知道走到哪里了；但是吃饭时的心态，举手投足的心态，走路时，脚在迈出去的时候，心在起什么作用，心在怎样表达，很少有人去关注。所以禅宗直指见性的法门，针对的是上根利智的人。所谓上根利智，就是平时对自己的起心动念是有把握的，这就叫上根利智。

一个人对自己的念头都无法把握，他的根器就比较钝。也就是说，你知道这句话讲出来会恼害别人，你偏偏要讲；你知道这个动作做出来别人会不高兴，你偏偏还是要去做。甚至你知道这样做会伤害自己，就像有些抽烟、喝酒、吸毒的人，但就是控制不住自己。有些人性格很暴躁，脾气上来以后的后果他很清楚，可是他无能为力，沦为习气的奴隶。这些都属于下根之人。上根之人清楚自己在想些什么，这些妄想会对自己的行为结果起到怎样的导向作用。如果你的心是在念恶，会把自我变得越来越强大，以自我为中心：合我意时，马上很开心，生起贪心；不合我意时，马上就生气，生起嗔恨心——那个坚固的"我"很强大，需要外界来迎合自己。当你看清楚了自己的心念以后，便会发现：我们每一个念头的生起，不需要外界来迎合我，我也不需要迎合外界，心念只是心念，生生灭灭、迁流不已的过程而已。而且每一个心念生起来，都会有一个非常清楚的因果关系，天台宗告诉我们，这叫作"一念因果"。

因缘果报丝毫不爽

我们知道因果报应，可以从三个层面去理解。第一个层面叫三世因果：过去生所做，感得今生所受；今生所做，感得来生所受。所谓"预知前世因，今生受者是；预知来世果，今生作者是"。你想知道你前生干了些什么，就看看自己这一生的际遇是什么样。这一生你的日子不好过，前世肯定没有积德行善；这一生你的人际关系不好，是因为前世就没有把人际关系处理好；今生遇到的人都是让你讨厌的，那么你前世一定是惹别人讨厌的。同样，看你这一生的所作所为，就会知道你的来世会是什么样，这就是三世因果。很多人不知道生从何来，死向何去——前世从哪里来不知道，来生到哪里去也不知道，对三世因果的道理不明白，更谈不上深信不疑了。

第二个层面叫作一世因果，一世因果又叫作现世报——善有善报，恶有恶报。在生活当中，只要用心去观察，便会看得很清楚。任何一个人，如果他前半生行善积德做了很多好事，后半生日子就会过得非常好；如果他前半生作恶多端，后半生日子肯定不好过，这叫一世因果。三世因果实际上是一世因果的延伸，一世就算你活八十年——前四十年，后四十年，前面所做，后面所受。但实际上，一世因果不仅停留在八十年才受果报，也不是四十年以后才受果报，而是有可能春天种下去的粮食，秋天就有收成，春天不努力，秋天就没有收成。一年当中也是有因果的，这一生小的因果短时间就报到，大的因果要长时间才能报到。就像种菜，有些菜种下去，一个月就有的吃，有些菜要两三个月才能吃，又根据种下去的因同它外在的缘，什么时候成熟，它的果报就显现。这是一世因果。

以德报怨的天伦之乐

在现实生活中，很多有智慧的人就能看到这一生的因果。一般来说，六十岁以上的人就能看见这一点，所以人到了六十岁以上，懂得享受天伦之乐。天伦之乐，就是你对我好，我也对你好；你对我不好，我也对你好，这叫天伦——以德报德，以德报怨。你对我有德，我以德报答你；你对我有怨，我同样以德报答你，他享受的是天伦之乐。如果是二三十岁，或者三四十岁的中青年人，一般来说，都是以德报德，以直报怨。你对我好，我当然对你好；你对我不好，我凭什么对你好，这就是以直报怨。中青年的人，我们说讲道理，讲人的道理，所以叫人伦之乐。人伦的人，爱憎分明，但毕竟会受到伤害，因为你对我不好，我对你不好，我也会受到伤害。所以一般五六十岁以上的爷爷奶奶辈，或者岁数更大一点的人，他懂得以德报怨。为什么要以德报怨？活了大半辈子，世事洞明、人情练达了，经过几十年的观察，他得出经验：这一生想日子过得好，就得对别人好。哪怕别人对你不好，你也要对他好，这样你才能真正过上好日子，这就是以德报怨。

享受天伦之乐的人，大都是看到了一世因果，明白怎样做人，明白世间高超的道理。比方说，孔子是人乘的圣人，而老子则是天乘的圣人，无为而治，对什么都是好的，实际上他已经看到自己的起心动念、言语举止决定了未来的方向。一个人到了六十岁以上，如果还在那里患得患失，在背后说别人的坏话，就没有智慧了。我们一定要懂得，我们的言语、思想和一举一动，特别是脑子里面生起来的念头，对你未来的生命会造成直接的影响。一个家庭里面如果有一个长辈，他能够真正享受天伦之乐，这一家人就有福报了。晚辈的人是是非非说来说去，是非一大堆，烦恼得不得了，一到这个长辈这里，什么烦恼都没有了。岁数大的人在家里，就要让别人有这种感觉，再大再多的是非，一到他这里只一句：多念念阿弥陀佛吧！全部给消化掉了，多好！这叫一世因果。

心念是有力量的

第三个层面最厉害，就是天台宗祖师讲的一念因果。一世因果还要几十年，如果你命短，还看不到别人的现世报。但是一念因果，不需要别人看，自己就能看到。当你把注意力回归到自己内心的时候，你观察自己的心念：每个心念的生起，都会有一种力量，心念的力量强大，你行为的动作就会强大。比如心里特别愤怒，发出的声音就是吼，很吓人。如果心里的火气不太大，发出的声音就是嚷嚷，动作不会太吓人。一个人内心生起特别强大的善念的时候，他所成就的善事，别人也感到非常赞叹，不可思议。

在直接影响行为的心念当中，又可以仔细观察，无非有三种：善念、恶念、无记念。当你生起与善相应的念头时会很开心，没有一件善事是不开心的。如果生起一个念头，自己感觉到不开心，那一定是恶念。比如说你到庙里面去拜佛，想往功德箱里放钱，应该是一个善念。本来想放五十块的，但钱拿出来一看，只有一张一百的，怎么办呢？心里很舍不得，有些难受，不想放这么多，又没办法，只能纠结或者说忍痛放下这个钱，这就是个恶念。这种布施就没有功德，还不如去换一张五十的放进去有功德，因为你善念生起来是快乐的。当然，如果你觉得五十的没有，一百的功德更大，你很高兴，那也是善念。念头本身无论是善是恶，其本身生起来的感觉已经决定了它的因果——善的念头生起来是快乐的，恶的念头生起来是痛苦的。反过来说，当你感觉到内心烦恼痛苦了，所有的念头一定都是恶的。

大部分的时候，我们内心的念头是不善不恶的。比如说，这些是什么东西？这是一本书，这是录音笔，这个是善的还是恶的？如果你看到是本经书很开心，这就是善念。如果仅仅是一本书放在这里，是谁的谁拿走，没感觉，没有快乐，也没有痛苦，这都叫无记。我们在生活当中，很多的念头其实都是无记，可以说人的一生能让你记住的快乐，不到百分之五。特别是到了四十岁以上的人，我估计再找快乐基本上没有了，眉头皱起来了，皱纹出来了，哪里还有什么快乐？但真正让你痛苦的，也不到百分之五，通常的人痛苦也不是很多。所以大部分的时间都是在无记当中度过，在不知不觉当中度过，既没有善的念头，也没有恶的念头，而且还不清楚，睡觉睡着了没有做梦，就是不清楚的。我们没有睡觉的时候，这个念头生起来了，我们没有反应，其实也是一种对生命内在的麻木不仁。你很难去分辨这些念头是快乐的，还是痛苦的；这些话讲出来是伤害人的，还是帮助人的，你不能确定。随外境的呈现得过且过，大部分的人一辈子就这么稀里糊涂地过去了。

除了善念恶念这种非常明显的一念因果之外，无记的念头感召的结果是愚痴。严重的是愚痴，不严重的是无明，由无明而产生贪、嗔、痴。贪欲也是愚痴，嗔恨也是愚痴；不贪不嗔、没有快乐也没有痛苦也是愚痴，只是这种愚痴不会感召痛苦的结果，也不会感召快乐的结果而已。我们人生很多的时候，就这样没有快乐也没有痛苦地过去了。

最圆满的念头

一念因果如果能够看清楚了，那就是上根之人。我们要不断提高自己的根器，理上明白以后再去观照，善根提高得就会很快。当我们明白了佛法所说的一念因果的道理，用心去观察的时候，修行的重心就要从放在外面的行为上转为放在内心的念头上。我们看有些老太婆什么道理都不懂，但是她深信净土，一心念佛，求生西方极乐世界。管它一念因果不一念因果，只要有时间，她心里想到的就是阿弥陀佛，反而占了便宜了。因为她每个念头生起来都很欢喜，而且一心念阿弥陀佛，不管他有口无心还是有心无口，念着念着，所有的业都随着阿弥陀佛相应去了。从一念因果上来说，这是最圆满的一个念头，非常圆满！因为阿弥陀佛这个名号所蕴含的是佛的万德庄严，叫万德洪名，佛的所有功德都包含在里面。无形当中你在打造着自己心念上的万德庄严，把佛的万德洪名转换成自己心念的万德庄严，所以叫因该果海，果彻因源。当然这是修净土的法门。

心念呈现一切

禅宗之所以要直指，就是要我们找到起心动念的源头在哪里。源头找不到，我们的生命没有根。人之所以会流浪，就是因为找不到生命的根。我们生命的根在哪里呢？就在起心动念的地方。小到一个念头，你不要小看这一个念头，这个念头实际上就在创造着我们的整个情绪。你的好坏情绪从哪里来？完全是从你的心念来的：心念有感恩，你就充满了感恩的情绪；心念有慈悲，你就会有慈悲的情绪；心念空旷无我，你就会有空旷无我的情绪；心念生起来的是一种欢喜心，你的世界就像花开一样；如果你的心念是失望、绝望的，那么你的未来世界一定不会好到哪里去。

念头是情绪的引导者。人都想过快乐的生活，却不知道主动权就在自己的心里，这是第一。第二，心念改变你的身体。身体好坏，长相如何，行为动作的威仪庄严与否，让人看了是讨厌还是敬佩，完全来源于你的心念。一个人内心有了一己之私，他的言谈举止不知不觉就进入了自私的表现方式；内心没有自私，或者有一些慈悲博爱的时候，无形当中就会替别人考虑。特别是集体共住在一个地方，在一起生活，彼此完全可以清楚地看到对方到底是自私还是利他的，因为每个人的心念都会在行为方式中反映出来。包括你的长相，并不是说五官非常端正、很符合标准就是漂亮，而是当你的每个念头都没有伤害的时候，你的整个气色、行为动作都不会有伤害，让别人感觉到非常宁静和舒服。我们见到社会上一些有修养的人，就会有这种感觉。从修行上看呢，我们修行的功夫越深，哪怕你没事干坐在那里，人家也会觉得你很洒脱；你要做事情的时候，或者你要批评别人的时候，不是为了让别人难受，而是指出别人的缺点，人家愿意改，这样的批评就是无伤害的。

心念会决定你的身体、长相和生活。你生活的环境如何，人际关系怎么样，完全靠你的心念来呈现。虽然我们大家住在这里有很多人，但是每个人对环境的体会都是不一样的：有人觉得这个地方很清净，非常庄严；也有人觉得这个地方没办法久留。有人说来这里来错了，有人说来这里来对了。为什么同样的环境会有完全不同的觉受呢？因为每个人的心念不一样，心念会引导并化现成你的整个生活。

心念演绎生命全过程

心念是连接身心、自他、心物、凡圣、情智、动静、是非、苦乐、爱恨、根尘与宇宙实相的通道，更厉害的是，心念会构造你的世界和净土。凡夫生活在娑婆世界，我们的整个世界，是由我们自己心念的力量——业的力量感召出来的。大家在一起是共业，自己感受到的那一份是别业。我们未来成佛的净土，也是由这个心念感召成就的。每个佛都有各自的净土，成佛之后，佛的境界都是平等的。这种平等取决于两点：一是有智慧，不再生死轮回，有智慧才证悟无我，证悟空性。二是有慈悲，对众生无偏无袒，普利一切有情。所以佛才是居住在净土当中的生命，而凡夫都只能居住在秽土，因为我们跟这个世界，跟众生的关系里面，有着千丝万缕，剪不断、理还乱的各种善恶的业缘交织在一起。我们看到，每一个念头，它都有这样巨大的力量。

心念从哪里来？心念呈现了什么事？这就是生命演绎的全部过程。如果你是蚂蚁，每天生起来的念头就是蚂蚁的那些事，没办法想到人的事。我们是人，又没有办法想到天人的境界。众生的心念有大有小，心念越小越脆弱，你的生命力也会越小越脆弱；心念越强大，心量广大，你的世界也会变得很大，生命力也会非常强大。我们大家都生活在有相的世界里，从有相的角度来看，你生命的根就在每一个心念上，所以禅宗才会直指人心、见性成佛。从外相上，比如说我们盖一个寺庙很辛苦，要盖五六年，但是你的一个念头——阿弥陀佛，念一句佛号，阿弥陀佛整个净土就已经构造起来了，一念心当中就相应了。也就是说，外在世界，你想把它改造好，非常困难。盖个寺庙才多大，人类的世界这么大，还有九法界的众生，不仅是我们这个娑婆世界，还有其他的世界，如果改造这个世界，什么时候才能改造好？而且就算改造好了，众生的心念要是没有改造好的话，你这个世界还是白改造。所以梁武帝说自己建了八万四千座寺院，度了那么多的人出家，是不是功德很大？达摩祖师说："实无功德。"

什么是功德？你有用功，内在有德才叫功德。外在的相，不管你做了多少事情，充其量只是福德，仅仅是种下一些善因，将来会有一些善果——好的果报给你，这叫福德。福德就好像你穿的衣服很漂亮，住的房子很舒服，开的汽车很好，但是你要是没有功德，你的内心依然很痛苦。

心念是未来生命的导航

古人讲："与其锁向金笼听，不及林间自在啼。"把鸟儿锁在黄金做的笼子里面，它是不是就很开心？与其锁向金笼听，不及林间自在，还不如在树林里面自由飞翔来得自在。我们每个人的生命都有渴望自由的能力，不然就永远没有办法解脱，所以渴望自由是我们生命的本能。无我的本性就是自由的，凡夫错误地把自己关在我执的牢笼里面，解脱不了。所以要回光返照，看到每一个念头的生起；知道这个念头生起来，就像你的脚抬起来，一步步要迈出去。如果从这里出去，你要往北京走，有通往北京的路；往上海走，有通往上海的路。你往哪里走？你每迈出一步，这一步就离你的目标近一步。我们的心念也是一样：善的念头生起来，就往天堂靠近一步；恶的念头生起来，就往地狱靠近一步；无记的念头生起来，就往愚痴无明靠近一步。我们的念头很多，善念、恶念、无记的念都有，哪个念头多，哪个念头的力量最强，你就往哪个地方先走，那个地方就先靠近你，这是一个规律。

　　如果你想就路还家，掌握未来生命的方向，最起码要先看清自己的心念。外在的世界无穷无尽，尽虚空遍法界，大到世界，小到生活的圈子，再到身体，再到情绪，再往里走就是你的心念，它们是一脉相承的。我在这里讲这句话，我讲话的声音，我自己心里感受得到。我话讲出来了，你们马上都听到了，不但在座的马上听到了，网络上现在有六百多人，也全都听到了；从我这里讲出来虽然只是一句话，可这六百多人可能是全国的，甚至是全世界的。就一句话，它会影响你的整个世界、整个生命，甚至整个未来的法界，这个起心动念要不要小心?!

心念会影响我们的生活、世界、法界和未来成佛的净土，同我讲话的这个声音能传播到全世界是一个道理。心念就是一个磁场，它是有波的，它是有力量的。外面世界那么大，就像个喇叭口，那个口那么大，我们想把它们都抓回来，难于上青天。那么，我们坐在这里抓身体吧，都抓得端端正正，坐起来一个个都像佛一样，好像也不可能：有人在瞌睡，也有人东倒西歪。我们能控制的其实就是自己的心念。

不怕念起　只怕觉迟

很多修行人都会有这样的感慨："师父，妄想真的很难对付哟，修了这么久了还是那么多，特别是妄想来了，根本无法控制，太难了！"但是你退一步想想，如果你提起觉照，让自己的心念成为一个修行人，其实，每一个心念你想改变它的时候，又是最容易的。要知道前面的念头已经过去了，你想改变的不是前面的念头，而是未来的念头；未来念头还没有来，怎么改？当下改。这个容易不容易？非常容易。

"不怕念起，只怕觉迟"，只要你觉察到了，这个念头马上可以改。道理不懂，要强迫自己改；道理懂了，不用强迫，自己就改了。你的起心动念里面，一些不太光明的、不太舒服的、不太顺畅的、不太自然的，这些念头它要继续起，你控制不住习惯性地就随它走了。但是只要你提起觉照，当下就改过来了，当然这也有个做功夫的过程。

看一个人的根机是钝还是利，就是看他对自己的心念能否把握。心念都没有办法把握，他这一生基本上就是被动的。所以凡是能成就大事的人，毅力都会超过常人。古之成大事者，不惟有宏伟大愿之志，不单单是有志气，还要有超越古今的坚韧不拔的毅力。志气是立志发愿，毅力是在面对生活的时候，有没有能力把它转过来，当下念头当下转。这一念如果转得过来，整个未来的生命境相就全盘被转。

我们平时妄想很多，让自己停下来做不到，那就横下一条心，一心念佛，其他的念头就乖乖地靠边站了。所以我曾开玩笑说，修行实际上是人世间最容易的事情。世间法里赚钱很不容易，没有这个运气，让你去捡五分钱你也捡不到的。但修行比赚五分钱还要容易，为什么呢？因为你一个念头马上就转，一句阿弥陀佛当下就修了，这个念头马上就改，这是一个关键点。

禅宗的直指不是在念头上改，而是在能看见自己念头的这个基础上，再追根溯源，看看这个念头又是从哪里来的。既然每个念头都会影响未来的生活，那么念头又是从哪里来的呢？这个地方就有文章可做了。当然，后来宋朝禅宗的大慧宗杲禅师，让大家参话头，就相当于在这个地方，问你的念头从哪里来？更直接一点地问：父母未生前的本来面目是什么？或者后世的参念佛是谁，念佛——阿弥陀佛，念佛的这个东西到底是什么，追根溯源，再往前追。

念头即是自性众生

我们上次讲到二祖断臂求法，现在再讲三祖。三祖僧璨大师到二祖那里去，当时三祖已经四十岁了，是个在家人，全身患了一种风疾的重病，疼痛难忍，非常难受。他知道所有的恶果都是恶业感召来的，既然有恶业，我们就要忏悔认错，改过自新。所以当他遇到了二祖慧可大师，他说：我身体病重，请和尚为我忏罪！二祖跟他说："将罪来，与汝忏。"把你的罪拿来，我给你忏！你既然叫我帮你忏罪，总得把罪拿给我吧！

讲到这里，不知道在座的诸位有没有罪恶感？我刚出家的时候，每天都有深深的罪恶感，一个人住在小庙，拜佛拜下去就号啕大哭，为什么？因为佛出世时我沉沦，佛灭度后我出生，忏悔此生多业障，何日才见如来身。生逢末法时期，又无明师指导，自己业障深重，贪、嗔、痴、慢样样都有，虽然出家了又不能如法地修行，所以非常痛苦，向佛忏悔。觉得无始劫以来，自己从来就没有做过好事，一直都是罪恶凡夫。即便是信佛出了家，依然还是每天起心动念，随自己的业力在那里折腾，所以深感惭愧，有强烈的罪恶感。但是我也不知道找谁去忏悔，只能拜佛，向佛发露忏悔。

三祖僧璨大师善根深厚，毕竟是祖师——祖师是再来人，不是一般的人——他碰到的也是祖师，也是了不得，希望二祖能够帮他忏悔这个罪。诸位在佛前也会忏罪，但是我不知道你们在忏罪的时候，有没有感觉到自己全身的八万四千毛孔，全身内外全部都是罪恶，没有一寸是清净的，没有一念是清净的。至少从我们懂事到现在，每个念头生起来都是自我，都是我要怎么样，做点好事也是我做了好事，都是围绕自我，没有一个念头是离开我的。即便是无我，还要觉得是我要无我，没有办法逃脱最初一念无明的魔咒，把自己紧紧扣住。

自我好像是内心深处一口有毒的缸，什么清水倒下去全成了毒药。我们凡夫如果没有解脱，所学的一切知识、文化、概念，积累的所有善根，都有可能成为你日后造业的资本。你学得越好，知识越丰富，佛法讲得呱呱叫，结果更加自私自利，更加害人，这不是成为你罪过的资本了吗？所以当三祖要忏罪的时候，他看到自己身心内外无一处不是罪过，请二祖为他忏罪。但是当二祖叫他把罪拿过来的时候，他在起心动念上就有把握了。我们平常在这种千钧一发之际，早就囫囵吞枣滑过去了。现在如果告诉大家：你把罪拿过来，我给你忏，这个时候你回光返照看自己的罪在哪里，会看到什么程度呢？说不定你还在想："嗯，我全身都是罪！"这样想就是妄想了。但三祖能看到这个心念——念头的本身不分善恶、不分好坏、不分是非，有罪恶感已经是念头生起来了。有念必有生死，每一个念头生起来就是生，过去就是死，每个念头就是自性众生，所以叫自性众生誓愿度。什么叫众生？就是有众多的生死聚集在一起，这叫众生。众生也可以叫众死，因为有念头生起来，就会有念头灭去，有生有灭，这叫生灭，叫生死。众多的生死聚集在一起，你也是一个生死，我也是一个生死，大家在一起，所以叫众生。我们的心念，也是有众多的生灭聚集在一起，生生灭灭，所以是自性众生。

罪性即是佛性

三祖要找到这个罪到底依附在哪里。我们说全身是罪，看到这个心念，生是从你的心念诞生出来的，那心念本身呢？"心本无生因境有，前境若无心亦无。"有这个所谓的书，大家才会有书的心念；压根没有所谓的书，你不会有书的心念生起。凡是在你脑子里面出现的任何一个念头，都是过去在你的生活中、在你的生命中出现过的；没有出现过的东西，你想不出来的。你们现在能想出一个从没有见过、从没有听过、在你的生活中从来没有出现过的东西么？你起一个妄念看看，不可能的！"不可能"这个词也是曾经学来的。三祖全神贯注地看自己的心，想找到一个叫作罪业的东西，因为二祖跟他说："将罪来，与汝忏。"

什么是罪业？身体有身体的缘起，心念有心念的缘起。心念都没有的时候，你的罪业在哪里？诸位找找看，当你的心念没有生起来的时候，你的心还是很明白，不是睡着，也不是做梦，也不是无记；我讲话你们听得很清楚。你集中注意力看自己，一个念头都没有生起来；你再找自己，找不到自己的任何一种状态，所以三祖才能够在这个状态上如实地奉告师父："觅罪了不可得。"找这个罪找不到，找不到是不是就不找了？是不是有个找的人呢？了了分明，了不可得……

气流的声音、水流的声音、话筒的声音，眼睛睁开看见灯光，了了分明，但是一切都是了不可得。起任何一个念头，说任何一句话，都是过去种下去的种子再度重现。当这些都没有的时候，三祖直观自心，所以他才能够看到并如实地跟师父说"了不可得"。其实，我们大家当下就是了不可得。我们大家苦得还不深，痛得还不切。如果你的心念情绪已经痛苦到极致了，受不了了，真不想活了，真不想轮回了，就像三祖全身的风疾已经病入膏肓，这时，他是把它当作生命的大事来看，是用全部的身心来解决这个问题的，不是像我们有气无力地打着瞌睡来看。他看到自己生命的根源就在这个地方，所有的罪恶、所有的快乐、所有的痛苦，都是从无念这个地方冒出来的。他直接看到无念的本心是什么样子——觅罪了不可得。

二祖看到他讲的这句话是如实地呈现并禀报师父，真正看到心的当下了不可得的时候，二祖跟他说："与汝忏罪竟。"既然了不可得，那么罪性本空。三祖看到的是性，罪性跟佛性是一个性，不是两个性。罪性也是本空，佛性也是无所得。所以他当下明了——罪性即是佛性，罪性了不可得，觅罪了不可得，这个心就被安好了。

但莫憎爱　洞然明白

僧璨大师后来写的《信心铭》，里面一开头就把这种状态写得很清楚，叫作："至道无难，唯嫌拣择；但莫憎爱，洞然明白。"至道无难，你的修行到达证悟境界不难，没有一点难的，我刚才说比捡五分钱还容易，比喝口水还容易。为什么不难？唯嫌拣择，拣就是挑三拣四，择就是选择，这样不行那样不行，天天选择来选择去，脑子里面一塌糊涂。至道本来不难，最考验你的、最怕最嫌弃的就是你在那里拣择：一会儿要出家，一会儿要在家；一会儿要拜佛，一会儿要参禅；一会儿要这样，一会儿要那样。这是自己给自己设了很多圈套，设了很多引诱来诱导自己。今天要这样，明天要那样，又要搞道场，又要搞佛学，又要搞什么，其实全部都是妄想颠倒，没有一样是与道相应的。唯嫌拣择，吃饭、穿衣、住宿、人事来往通通在那里选择。其实至道无难，就嫌你选择，不用选择，你不选择就叫"但莫憎爱"：不要讨厌，也不要喜欢。其实就是三祖当下觅罪了不可得的这个状态。

"但莫憎爱，洞然明白"，"世事洞明皆学问，人情练达即文章"。洞然明白就是洞明的意思。什么叫洞明？一堵墙把你挡住，障碍你看不见泰山，挖一个洞就完全看到了，这叫洞然明白，透过去了，桶底脱落了。用手遮住眼睛，眼睛什么也看不见，手指头开一个缝，这叫洞。你的生命本来是黑糊糊的一张纸，无明在这里覆盖住了，但是你只要但莫憎爱——没有喜欢的，也没有讨厌的，它就很清楚地呈现在你的生命当中。这就是三祖从二祖那里印证过来的最直接的一个表法。《信心铭》总共有三十六句，一句是八个字，也是禅宗主要的典籍之一，以后有机会给大家再讲。

阿弥陀佛！

至道无难的第一个层次，是在参禅的地方找到下手处。如果你想这一生成办大事，这个地方一定要知道——

第九讲　轮回解脱的分水岭

上一次跟大家介绍了禅宗二祖对三祖的开示。三祖僧璨大师身犯风疾，一种非常痛苦的病，因为生病都是罪业的果报，所以他当时见到二祖时说：请师父为我忏罪！三祖在极端的痛苦中，可以说将全身心的力量都贯注在此，真是百分百地希望自己能够忏除所有的罪业。这个时候，二祖对他说："将罪来，与汝忏。"你把罪拿过来，我帮你忏悔。三祖回光返照，在自己的身心世界里寻找这个罪。

觅罪了不可得

罪到底是什么？我们大家有时候是不是也有罪恶感，觉得自己业障深重，甚至想通过一些苦行的手段，让自己赎罪，消业除障。还有些人以为，通过布施，甚至各种极端行为，就能消除罪业。但实际上呢，真正静下心来，要寻找这个罪业的时候，三祖如实地看到：在内心当中，并没有一个叫罪业的东西存在——觅罪了不可得。这个寻觅，他不是向外去寻求，而是向内心去寻求。当我们向外去寻求的时候，我们会被外在的色、声、香、味、触、法六尘所干扰，会被种种看得见的、听得到的外相所迷惑。如果你向身体上寻找，身体本身就是一个生老病死的过程，是通过各种材料来组成我们这个生命的。身体有自身的运行方式：吃喝多了，会胖起来；吃喝不足，人又会瘦下去。身体的组织结构及健康情况，都是由身体这台精密仪器的本身有机结合运转的。所以在身体上，没有办法找到一个叫作罪业的东西。

那么，要不要在思想上寻找呢？我们所有的思想、所有的妄想、所有的想法，通通都是别人给提供的。你认为自己的观念很超前，或者很落后，这种认为，也是别人给你提供的。所以所有的想法，本身就是一个极大的局限。为什么说公说公有理，婆说婆有理呢？就是因为公提供的是公的理，婆提供的是婆的理，他们都以为自己有理。我们的思想，只要你动了脑筋，你的想法一定是站在某个角度。无论你是什么想法，你举任何一个例子，讲任何一句话，一定是站在了一个角度，才能够表达这层含义；如果没有角度，你是无法表达自己的想法的。你觉得某某人怎么这么坏呀，为什么他是坏？因为你站在你的角度——一个自我被欺负的角度，所以觉得他是坏的。如果你换个角度，会觉得是菩萨来考验我了，太好了，感激还来不及，怎么还能说人家坏呢？就像有些人觉得父母亲骂他，是父母亲不讲理。有些人父母亲骂他，反而会感恩，他知道是我错了父母才会骂的。所以，我们所有的想法都是妄想，都是有局限和原因的。

因此，无论在什么情况下，当你自责的时候，一定是拿出自责的标准来衡量自己；当你呵斥别人的时候，也一定是拿出呵斥别人的标准来了。自责也好，呵斥也好，高兴也罢，生气也罢，无非是一些价值观念。在这些价值观念当中，有罪的价值观念实际上只是别人给你提供的一个说法——这是很有罪的，你便认为这样是有罪的，反之亦然。

为什么叫妄想？因为所有的思想都是经过了别人的加工，才到了你的脑子里面的。那么，如果在自己的思想里面，寻找一个纯粹是属于罪业的东西，到底有没有呢？三祖仔细找了，并没有。在外在的六尘上找不到罪过，在身体上找不到罪过，在思想上也找不到罪过。大家能不能也找一下？我们每天都说，业报凡夫、业障凡夫，是由贪嗔痴烦恼聚集在一起。这些罪过到底在哪里？当我们把妄想全部放下的时候，再往里面去寻找，寻找那个我们认为的自我意识，继而看清楚那个我执，在我执的背后，哪个又是罪过呢？所以真正全神贯注地观察自己的心时，三祖很真诚地感慨：师父，觅罪了不可得，找不到一个叫罪的东西啊！

稻草人只是稻草而已

我们平时说张三道李四，男女老少，高低胖瘦，美丑各异，其实这很好哇，生命有不同的色彩啊；如果大家都是一刀切，一个模子刻出来的，多乏味。正因为有高低胖瘦、美丑各异，人生才会很丰富，所以不要因为任何的外在东西，自己妄想颠倒地增加一个罪恶感。我们有这个罪恶感和分别心，身体就会不正常，会生病，紧张、头痛，心脏还会难受。

如果我们明白了心的真相，就会知道，哪里有什么罪恶感？正如三祖所说："觅罪了不可得。"但这句话不是随随便便就讲出来的，也不是听师父说了，一切法都是缘起性空，我想啊想，终于想通了，我也没有罪。你既然有一个强烈的自我意识，怎么会没有罪？只要有一个强烈的自我意识存在，一定是被束缚的。只要有一个自我的感觉存在，那个感觉就是被影响的。三祖真正看到的是无我，连我都没有，罪到底依附谁而有？无处可依啊！缘起法的每一个当下都是性空的，都是无所依止。就好像稻草人一样互相依靠，然后说有一个稻草人，实际上纯粹都是稻草，哪里有人？根本就没有人。但是堆积起来看上去像一个人的形象，于是就叫它稻草人。本质上并没有一个所谓的稻草人，只是稻草而已，所以觅罪了不可得啊！

我们平常心不安，一般来说都是执着在身外之物上：别人说我声音大了，给我脸色看了，或者事情没做好了，种种分别。当然也有身体生病的痛苦，我们不习惯头痛、肚子痛，确实难受。这种难受，背后的实质是你不愿意接受它。如果愿意接受它，心甘情愿了，受只是受而已，那种纠结痛苦的感觉，马上就会消失。就像腿痛，你不接受这种痛的感觉，就会觉得非常难受，一直对立排斥。但如果你认为这感觉很正常啊，坐久了腿就这样，痛的感觉就会消失。这个就看你的心力如何：执着的程度重，想缓解疼痛也很难；如果你慢慢地真的不执着它了，痛的感觉就完全消失了。

从身外、身体和思想上，真正觅罪了不可得的时候，三祖的心完全是安的。所以二祖告诉他："与汝忏罪竟。"把你的罪已经忏悔干净了。佛经里面说："罪从心起将心忏，心若灭时罪亦亡；心亡罪灭两俱空，是则名为真忏悔。"三祖就是这种"心亡罪灭两俱空"的真忏悔，所以二祖才能印证他，上次我们跟大家就讲到这里。

三祖开悟以后，写出了禅宗史上非常著名的《信心铭》。僧璨大师整个佛法修学的见地，以及如何做功夫全部都包含在里面了，特别是从内在的实证角度，把用功的方法和盘托出，非常好！大家最好能够将《信心铭》背下来，对我们修学会有很大的帮助。

世间规律的至道

《信心铭》的一开头，便开门见山地告诉我们修行的方法：

"至道无难，唯嫌拣择；但莫憎爱，洞然明白。"这四句话，就把整个修道过程中所有的问题全部解决掉了。至道，就是极致之道，不是一般的道。从世间法来说，极致之道，就是道家所讲的这个道，叫道生一、一生二、二生三、三生万物，万物是由少集多累积起来的。三生万物，三从哪里来？三从二来；二从哪里来？二从一来；一从哪里来？一从道来。道是什么呢？道就是自然，自然能生一、生二、生三、生万物。

实际上，这个道如果把它理解为道路的意思，道就是运行的规律。人世间天地万物，这么有序地在这里运行：一年三百六十五天，一个月三十天，一天二十四小时，日升月落、春夏秋冬——春有百花秋有月，夏有凉风冬有雪。我们每天上早课、晚课，暮鼓晨钟，到点就有人去敲钟，到点就有人去敲鼓，自然界这么大，规律却是那么井然有序。这个规律，到底是谁在掌控安排的呢？有人说是上帝创造的，佛法不承认是上帝创造的，说是自然界的规律。那么，形成自然界规律背后的动力又是什么呢？道家说这就是道，道能够使这些规律变得非常的有序。佛法告诉我们：六道众生的一切生灭现象，是由众生的业力感召而来的。业力凭什么能感召而来？还是凭着有这个道才能感召，就是凭着这个规律才能感召。

世间的一切万事万物，都有作用力和反作用力。什么是作用力？你对这个世界好，世界就变得好起来；你对这个世界马马虎虎，你的世界呈现的就是马马虎虎；你对这个世界认真负责，这个世界对你也会认真负责。你对别人、对这个世界是什么样的，这个世界一定会呈现出什么样来。所以你对别人大为光火，别人对你的脾气也就好不了。我们不知道反省自己，却总说别人不好，实际上别人只是你的态度的一个展现，这叫作作用力。反作用力呢？我打你一拳，你也打我一拳；我打你多重，你也会打我多重；你会被打得难受，你也会打得别人难受。就像我们脚踢到墙上一样，你踢到墙上的力量有多重，你的脚就有多痛，踢到墙上的那个力量，反弹到自身上来了，这就是作用力和反作用力的规律。

道作为世间的规律，就是业力感召因果。道理是把规律做成详细的说明：这是一个因果道理，有因必有果，业力感召因果，它是按照这个规律运行的。道家所讲的这个道，在六道当中也算是至道，不是一般的道。我们不讲解脱道和菩提道，就拿世间的这个道来说，就是道家的无极道状态，已经到极限了，六道当中的极限。十二因缘当中的无明，也是极限，就是当你静下心来，回光返照追逐、追问自己的心灵。

我们学佛都想明心见性，想了解自己的生命。我们这个生命就好像芭蕉的树皮一样，把这个树皮一层层剥落，剥到最后你会发现里面什么都没有，但是聚集在一起就是一棵树呀！我们好像是一个人，好像有个我，无始劫以来都真实地存在在这里。所谓"人不为己，天诛地灭"，每个人都围绕这个自我去展开生命的追寻、生命的逃避，忙得不亦乐乎。但你真正追寻的是生命的本质么？我们能不能到达生命的极处？

其实很多时候，我们并没有到达生命的极处。我们活在生命的半空当中，脚跟都不落地，常常对自己很迷失、很无奈：知道自己有很多毛病，但就是改不过来；知道自己该做点事情，也没有去做；即便去做了，也会不满意自己。为什么会不满意？因为你对真正的自己并不了解，并没有真正看到自己。怎样真正看到自己的生命本质呢？在凡夫当中，如果你能够追寻、追问到自我的感觉那里，按照道家所讲的道生一、一生二、二生三、三生万物，要回归这个道，就是从万物回归到三——你、我、他，三再回归到二——你、我，二再回归到一——只剩下我，我以外别的什么都没有。那么，我又从哪里来呢？我的背后还有朦朦胧胧的一堵墙似的，这就是道。

　　我执是被规律所驱使的一个状态，我们是被规律所驱使的。比如说你火了，之后意识到不对又反省了，但内心深处有个替你鸣不平的——你干吗骂我呀？这时候，你的自我感觉就探出头来。有了你、我，有了对立，背后的那个自我感觉就会非常强烈。所以道生出一后，一就会生二，有你、我；有了二，就会有三生世间万物，有各种差别，就好像一个金字塔一样，从一慢慢扩展开来。那么，怎么修这个道呢？

摄别归总的修法

　　修道要反其道而行之，本来是道生一、一生二、二生三、三生万物，我们在日常生活当中，万事万物妄想纷飞很多，要慢慢地把它收拢起来，从一万先变成三。简单地说，世间事无非你我他，没有别的事。现在先把他去掉，跟你有关系的，只是你、我，这是二，就是能所。二也不够，还要把它再收拢回来；一还不行，有个一还是有对立的。所以至道无难，你如果想到达人间极致的这个道，也不是很难。唯嫌拣择，拣择是什么？拣就是挑拣的拣，挑三拣四；择就是选择。当你去挑三拣四，当你去选择的时候，麻烦就开始来了。

我们在日常生活当中，之所以生出很多烦恼，其实，就是经常听到一些居士问师父的：这个事情我该怎么做呢？一般都是两条路、三条路、五六七八条路，然后不知道选择哪一条路了。如果只有一条路，就没得问了。从来没人问我说：师父，我早上要不要吃饭？晚上要不要吃饭？吃饭就一条路，你到点饿了就得吃嘛！所有的烦恼，都是有两条以上的路。如果把多余的路堵死，一切回归，就没有问题了。当你在问别人的时候，当你产生烦恼的时候，一定是有多个选择，你才会有烦恼。如果只有一个选择，你想烦恼也是没有任何意义的烦恼。比如说死亡没有第二个选择，在死亡面前跟阎罗王谈谈条件，我不想死，再等等我，等等你也是死，仅仅这一个条件的时候，你就没有选择了。所以世间的这个至道，境界也很高，用天台宗的说法就是——摄别归总。

什么叫摄别归总呢？就是把差别的汇归为一。很多个鸡蛋，本来你是要挑拣一番的，现在都装在一个箩筐里，箩筐一担就走了，就这一筐不需要再选择了。什么意思呢？我们在生活当中，会分别这个人好，那个人坏，这是朋友、亲人，那是个讨厌的人。分别了一大堆的时候，你就会心里很烦。如果想想，反正天下人就是男人和女人两个人，两个人就好办一点。两个人还是要选择的，那个男的可以共事，女的不行。那干脆就想，就是一个人嘛，大家都是人。一想到都是人，那就没有问题了，既然都是人，就平等了。人就是平等，人人平等，那还分什么男女老少？不需要分了。

　　总之，就是把差别相泯灭掉。比如说，你是南方人，他是北方人，差别很大，但一想到都是中国人，我们就不用差别的眼光去看了。作为中国人，还有区别外国人的观念，那我们就想想，我们哪个不是地球人？反正都是地球人，就没有差别了，人类都是一样的。人类都是一样的，还有畜生类，那我们想想六道众生，我们大家都是六道众生。当你想到六道众生的时候，你跟畜生没什么区别，你跟天人也没什么区别，你跟地狱、恶鬼、坏蛋也没什么区别，反正都是六道众生。大不了你高点、他低点，你是二年级、他是一年级，如此差别而已。天人是六年级，我们差不多已经到四年级了，地狱就是一年级学生。大家都在读小学，有什么好区别的呢？但如果是跟圣人比，还是很懊恼，圣人都已经成就了，我还是一个凡夫。那你想想，圣人也是人，圣人也是众生，九法界都是众生。一想到众生，那我跟菩萨都是一样的：我是众生，菩萨也是众生。到最后呢，跟佛还有区别。

　　摄别归总，将所有的差别浓缩到最后，归到总的一点的时候，就是《华严经》上说的心佛众生三无差别——我的心、佛的心、众生的心都一样，只要讲到这个心，就是一样的。佛法最后直指人心，把这个心看清楚了，你就会发现：哦，所有的一切众生在这个上面，是完全平等的，没有任何区别。因为种种区别给我们带来的烦恼痛苦、是非人我，通通都消失了。这是摄别归总的一个修法。

回到一念不生之前

在六道当中，我们凡夫能够达到的最高境界是什么？就是不分别的状态。我们的脑子会想东西，所有想到的都是有差别的：想到手，右手、左手，手有两只，左右手是有差别的。我小时候，经常听我妈说：你不要跟别人比，为什么不跟别人比？她说，十个指头有长短，三年树木有高低。这也是很智慧的一句话，手一伸出来，指头本来就长短不一，你干吗跟人家比？三年树木有高有低，很正常的，你不要觉得不正常。每个人都是不一样的，但是有完全一样的，在哪里呢？你起心动念就有差别了，有人会往好的地方想，有人会往坏的地方想，有人还会想得很离谱。但是在不想的这个地方，你去感受一下，比如说体会自己当下没有想法的这个状态，这个状态，自己如此，别人也是如此，这个时候我跟你是一样的。有想法的地方都是不一样的，只有到达没有想法的地方才是一样的。

至道无难，就是让我们从执着身外之物，执着业障，执着生病，执着是非好坏，从这些种种执着里抽身，回归到能执着的这个根源——分别是非、善恶、好坏的源头。我经常比喻说：我们从这个门槛迈出去，等你右脚迈到门外了，你想让左脚先出去，已经来不及了。但是，如果你的右脚还没有迈出去，两个脚都还在门内，就有戏可唱了。你想右脚先出去，或者想左脚先出去，可以随意而为。什么意思呢？就是你想让自己的思想变得庄严、伟大、神圣而快乐，那就一定要看到所有的想法还没有生出来之前是个什么样。为什么我们要求修心中心的学人，就像参禅一定要参话头一样，要一念不生、了了分明？因为你不在一念不生、了了分明这个地方去观照，去追根溯源，你就找不到生命的根源，不知道自己的脚应该踩在哪里才是安稳的。一旦踩在妄想分别上，就像脚踩西瓜皮一样，滑到哪里都不知道了。

回到自己还没有想法之前，这个地方就是我们的至道。难不难呢？没有学的人听起来很玄，肯定觉得难。如果稍有体会一点都不难，这个事情最容易不过了，不费吹灰之力。吹灰还要吹一下，我要想一个伟大的思想，得琢磨一下，不想还不容易吗？说木工没做过，雕刻我不会；泥水匠没做过，墙我不会砌，这能理解，确实也不太容易。没有学过开车，上车肯定会紧张，但是叫你不开，不要去做还不容易吗？但真的是不容易。叫我们干活不去做容易，但叫我们思想不去想，还真不容易。因为想习惯了，无始劫来胡思乱想，一直想到今天，哪能说不想就不想了呢？

僧璨大师告诉我们：这个至道，单从我们用功的角度来看，并不是很难。我们找到自己无明的状态，妄想还没有生出来之前，能下手用功的状态就可以了。按照轮回的规则，或者六道当中的生灭现象及天地万物运行的规则，就是道家所讲的这个道，你要到达这个道——至道无难。

道生一、一生二、二生三、三生万物，无极生太极，太极生两仪，两仪生四象，四象生八卦。无极是没有极限的，无极生太极，一旦有了太极，太极就有了阴阳，就变为动态了。我们一旦有了想法，就属于太极了，没有想法就没有太极。所以用《易经》算卦的人，你脑子里一念不生，他卦是打不出来的。你动了念头，卦就给你打出来了，而且一定准。还有那些测字的，让你想一个字，你要是坐在那里不生想法，测卦的人就没辙了。你一起念，相便会出现，因为我们脑子一动，不管你想什么，脑子里面就有了两种状态——不想的本来状态，有想后有形象的状态。脑子里本来什么都没有，一想到字，字就是那条鱼，太极图的阳，不想的那部分就是阴。阴是看不见，没有形象的；阳是看得见的，别人看不见，你自己能看见。所以你琢磨好事坏事，不要以为别人不知道，鬼神都知道。因为你一想，脑子里那个相就已经出来了，我们只是不了解而已，实际上这个相一直会在这里。

在太极的状态下，心是动的，太极是永远不停地一直在动。无极生太极，太极虽然动，但它是属于圆满的现象，在生灭轮回当中的圆满现象。为什么是圆满的现象？就是有相的跟无相的是一个整体，我们脑子里面空空的什么都没有，所以想问题思路会很清晰。如果脑子转不灵了，老是很多图像在那里控制着，没有空间和余地，脑子就已经坏掉了。头脑正常的人，都是留有空隙，留有余地的。所以阴阳是两极、是互动的。也就是说，会干活的人跟会休息的人是一体的，懂得休息的人干活也干得好，不懂得休息的人干活也干不好。这跟盖房子一样，外面盖得很漂亮，但是道路已经堵在一起，没有空间了，房子也没法用了。人也是一样，你对别人好也要留有余地，你天天对别人好，分分秒秒对别人好，别人也会受不了。

世间的万物都是这样：手在这里，手心是白的，手背就是黑的；树长在这里，一半是阴的，一半是阳的。我们人呢，外面有一套，里面还有一套。外面一套是阳的，你要做出来给别人看的，是看得见的这部分。里面那套别人看不见，常说这人阴，诡计多端。这两套合起来，外面这套叫阳谋，里面那套叫阴谋。那么，太极已经是落在生灭法的现象上，生灭法现象的根源就在无极，这是道家的理论。佛教讲的十二因缘，无明缘行的道理，尤其是从修行角度来说，跟道教讲的道，天地运行的道是一样的。在我们现在还是一个凡夫的时候，你想用功，一定要先达到这个道的状态——至道。

至道无难　唯嫌拣择

三祖告诉我们至道无难，但是有一个地方需要回避，叫作唯嫌拣择：最嫌的、最怕的，就是你在那里挑三拣四。不挑就是道了，一挑就离道了，叫离经叛道。我们看看自身有多少的缺点和毛病？实际上当我们开始选择的时候，开始挑拣的时候，就已经离开这个道，离家出走了，而且越走越远。为什么说"机关算尽太聪明，反误了卿卿性命"？就是越会算计的人，越会考虑问题的人，离道越远。他算计考虑些什么呢？都是世间有相的是非人我、烦恼痛苦，即便表面上不烦恼，也总有一天会种下烦恼的因。因为你只是执着在相上，相是无常的，你看不到这种无常；相是无我的，你也看不到无我。所以只要有拣择，一定就离道了。

我们无论是持戒、修禅定还是念佛，这一切行为相对至道来说，通通都是枝末边事，不是根本大事。那我们便能理解，为什么禅宗祖师说，禅堂里面念一句佛，要挑水洗三天。念一句佛，多此一举嘛！这是从用功上说的。

我们用功办道，在修道的这个份上，最让我们离道远的就是你在那里挑拣。一旦挑拣，就会有讨厌的，有喜欢的，没办法。只要挑拣，没有人挑坏的东西，要拣都是拣好的东西。什么是好的，要有坏的在那里比较，对我微笑是好的，对我大声嚷就是坏的。一挑就有障碍，有憎有爱，就有业的力量，就在轮回的路上造业。善良人造的是善业，自私心重、习气毛病重的人造的就是恶业。凡是你看到的、听到的、想到的，通通离道很远，越离越远。而且你越挑、越憎、越爱，越讨厌一些人，越喜欢一些人，越讨厌一些事，越喜欢一些事，你的内心一定是越来越不安宁。如果有了爱、憎，你的心是安住在爱憎的事情上，而不是在道上，心里就没有道了。而心里一旦没有道，那你就不知道了，不知这个道，便会离道越来越遥远，一直在外流浪。不但迷茫，而且所做事情的前因后果、是非善恶完全分不清楚，越陷越深，最后只能陷到地狱里面去，陷到三恶道里面去，连善道都没有份。因为善道还要保持一定的不分别心，保持一定的不分别心就是一个品行好的人，他能够包容和原谅一些所谓的坏人。不是说他傻掉了，他是不执着，因为他要回到道上，让自己的身心能够安顿。

不憎不爱，至道无难，唯嫌拣择。最怕你挑拣，挑拣了以后就有喜怒哀乐。只要没有喜欢的，没有讨厌的，即便是分别，这个是白的，白的可以，这个是黑的，黑的也可以，没有关系，不喜欢也不讨厌它。这个时候，黑白清清楚楚，但自己没有起心动念，乃至吃饭、穿衣也一样的自然明白。

全力贯注捅破这层纸

"但莫憎爱，洞然明白。"洞然明白，洞就是世事洞明皆学问，人情练达即文章。洞明这个词，还是从佛教来的。什么叫洞明呢？禅宗有个祖师，他说懂得参禅的人，就好像窗户上的一张纸，过去窗户没有玻璃，是纸糊在窗户上面，外面的光从纸上透进去。你看见这个光，但因为是纸，所以看不透；看不透便看不到外面的情景，这是代表我们前面所说的轮回当中的道。这个道是什么？一片光明！在人世间只有这个地方是最光明的——只有不分别的心是最光明的。大家可以尝试一下，哪怕有两天在内心中不分别，一定不会变成傻瓜，反而会变得非常淡定从容，成为一个知道、修道人。参禅的人必须要达到这个境界才可以，以后我们讲宋朝的参话头，会给大家详细地说。

当你看到自己妄想没有生起来之前，盯在这里的时候，首先感受到生命是光明的，对生活当中出现的人和事，不分别就一目了然。比如说，大家睁开眼睛，前面有多少人，每个人的动作、表情都会很清楚。但是，如果你的注意力是在一个人身上的时候，其他人在动你就看不见，人就这么神奇。不分别，你了解的是一整片的森林；一分别之后，了解的只是一棵树。那么，当我们以不妄想的心，看到妄想生起来之前的这个样子，在日常生活当中，定力、智慧的进步都会非常快。除了净土法门念佛、佛力加持，或念咒、佛力加持的这些功德以外，如果是修心的话，只有看到这里用功，进步才是最快的。

为什么禅宗的人能够一生成就，直指人心、见性成佛？他参禅的功夫必须要到至道这个地方，就是要唯嫌拣择——到不拣择的地方——妄想都没有了，在这个地方来看见。当他看见这层纸在这里，他要进一步参究纸的光明背后到底是什么？参禅的人坐在这里，看自己一个妄想都没有，好像是挺轻安、挺轻松，也蛮舒服的，也挺光明的，光明坦荡荡，无所思、无所求、无所得，感觉挺好的，但这感觉挺好的背后到底是什么呢？他不知道。相当于那张纸，虽然有光透过，却不知道外面是什么。那么，这个时候你要想办法，把它打一个洞，一个洞打过去，外面就全明白了，所以叫洞明。世事洞明皆学问，你把这层纸破过去，就把它看透了。

禅宗讲的破本参，指的就是这层纸，将它透过去。还有一个比喻，说参禅的人就像一只苍蝇，我们是一只苍蝇，没头的苍蝇，没头绪嘛！你想用功就要用尽全身的力量，把这层纸撞破了，要撞出去。要这么去撞：朝也思、暮也思，刻刻提撕；顺也是在这里看，逆也是在这里看，管它生老病死、人我是非，通通都在这里盯紧。世间的其他东西，两耳不闻窗外事，什么事我都不管，把这层纸捅破要紧。只有全力贯注地往这里钻，有一天你钻过去，本参就破了。

轮回解脱的分水岭

你如果不是在一念不生之前这个地方盯住，或者只是妄想停下来，又看不见光明，死守在死水黑山的背后，那你好像在撞墙，不是撞窗户纸。撞墙，你就是生生世世地撞下去，也撞不出去的，只有在窗户纸这里，才能撞出去。也就是说，当我们没有妄想的时候，你要提起明明白白的没有妄想才可以。你知道这个明明白白，还要继续盯着它——参禅要参透，不参它就不透。如果死守着这个状态，就好像无想定和外道定，这一生最多禅定功夫很好，好像睡着了。睡觉睡着没做梦一样，也没有妄想，但是再睡一千年也没什么效果，也就那么回事。

　　所以，至道无难从第一个层次来说，至道只是在参禅的地方找到下手处。如果大家明白了，把这个功夫要用起来；如果还听不明白呢，如果你想这一生成办大事，这个地方一定要知道。因为这是一个从轮回走向解脱的分水岭、最后的一道关，能到达这里，这一生破除我执是有希望的。如果没有到达这一关，这一生想破除我执、了生死难度是非常大的，基本上没有什么希望。当然，你自己去参透，虽然没有希望，但是你念佛求生西方，带业往生，还是有希望的。能够双管齐下的话也更好。还有，你今天看不到这个地方，也不代表你明天就看不到，你听多了，说不定明天或者哪一天，突然一下子把妄想停下来，就能看到自己明明了了这个地方。这个地方是可以用功的地方，是可以透过那层纸的地方。

　　我们要明白，到达这里并不难，我们不要觉得太难了。不难的在哪里呢？只是嫌你挑三拣四而已，你不挑了，也就当下没事了，马上像个活死人一样，马上像睡着没有做梦的人一样。特别是在生活当中，如果有人骂你，说你难听的话，你能不能做到这一点？做个活死人，功夫才能够用上去。

　　当然，僧璨大师讲的《信心铭》，他信心具足，我们参禅的人信心具足是在这里。这个至道，是指轮回当中的天道，出世间的解脱道、菩提道，还要更进一步，把这个透过去。这层道理大家可能能听懂，但始终不是亲身证得的，听懂的其实还不算，听懂的只是相似的这个地方。我们听懂了，能体会得到，比如说大家把妄想停下来：没妄想这个地方是蛮舒服的，在这个地方的功用有了，要发菩提心，发菩提心做事利生；要想吃饭，就想吃饭的事情，你想要打什么妄想？这样你的生命就可以由自己来把握，因为你随时都可以回到源头来。如果你没有回到源头的能力，事情一做，境界一现，随时都会被拉走回不来了。如果有这个功夫呢，哪怕要砍我的脑袋，必须要砍我的脑袋怎么办？我马上回到至道的这种状态上来，随时都能回来，即便砍脑袋你也不会惊讶，也不会痛苦。对待世间的事情，他的内心自然就变得非常坦然，当然，这是需要用功夫的。

为道日损　损之又损

僧璨大师所讲的道，是指这层纸透过去以后的道。这个道呢，事实上也不离我们的当下，只是我们没有信心。无始劫以来，我们的自我感觉太强烈了，智慧的眼睛就这么轻轻地被挡住了，一层纱一样地被遮盖住了。如果你能够参禅的话，或者能够直下承当——把自我的感觉拿掉就是了。有我执的这个地方，就有空间的感觉，因为有我在，就会有前、后、左、右。大家都有空间的感觉，好像从生下来到今天，这空间的感觉很强烈。实际上呢，你仔细看看，空间的感觉它的前提是什么呢？就是一个自我意识、自我感觉。

现在我们可以做一个简单的游戏，我们可以尝试着，把我的这个中间坐标——在这里的这个我——拿掉，把自己的身体，把自我的感觉全部扔到九霄云外去。这个身体本来就不是我，不要拿身体作为坐标。拿掉以后，你再来睁开眼睛看看，坐标没有了，前面在哪里？参照系没了，前面没有了，后面也没有了，左右都没有了，能不能体会一下？那个我扔掉后，实际上我们的心本来是遍一切处的。就拿这个教室来说，我这个坐标要是没有了，整个教室就是我了，哪里还有前后左右？我们的心便覆盖了整个教室，所以教室有多大，清清楚楚。好像电灯开关或遥控器一样，只需要按一下或调一下频道，那个自我感觉马上就没有了。如果当下能够没有，你会发现原来的那个空间真的是很有问题。原来那个空间作为坐标的时候，种种是非人我就会围绕它转。当坐标拿掉了以后，当下的你不需要任何选择，不需要任何爱恨，因为这个世界的是非人我，跟原本的你完全无关。用真心就不会在是非人我上，但真想契入也很不容易，因为无始劫来，那个自我的感觉太强烈了。尽管它从来就没有一个真正的我，我们还是觉得它就是我，这个误会太深了，想消除它并不容易。

僧璨大师告诉我们：到达真心佛性的道，不是太难的，一念心就转换。这一念心是什么？就是从有念到无念。但我们对自我的感觉是根深蒂固的，一刻不停地在那里围绕着它。如果抛开那个自我的感觉，不仅仅这个教室是我们的心所能遍及的，整个宇宙法界、十方法界都是我们的心所能遍及的。你的心连东方在哪里、西方在哪里的坐标都没有了，全部都是圆坨坨的，这个才是真正的"至道无难，唯嫌拣择"。但莫憎爱——不再有憎，不再有爱，不再说我讨厌娑婆世界，喜欢西方极乐世界。这个我如果拿掉了，也就是花开见佛悟无生。知道一切法本来无生，但宇宙间所呈现的任何现象，却是非常清楚，就好像梦中佛事、水月道场。水中的月亮，看上去是有，实际上水中真的没有月亮。这些现象宛然还在，但是你的内心遍一切处的光明，却没有任何的角度，没有任何的局限，所以不需要选择，也不需要憎爱。这个是僧璨大师开悟以后，直指我们后学的弟子。我们大家基础可能还是不够，如果你参禅参到功夫成片，一直在念头没有生起来的地方，功夫已经做成片了，自我的感觉本来就很淡，这个时候再直指你一下——这个我本来就没有！哦，一下子就透过去，马上就洞然明白。

六祖大师以前，禅宗的祖师都喜欢直指，直截了当把最高深的法传授给我们。如果你体悟到了，在生活当中自然证体启用就好了；如果体悟不到，我们也靠近这个道，往这个道的地方走，就是往简单的地方走，而不是往复杂的地方走。世间学问还说："为学日益，为道日损，损之又损，以至于无为。"损到已经没有办法再损，减损——减、减、减，减到最后，连一也减掉了，这个时候，才真正知道怎么用心了。我们在平常生活当中这样来用心，如果自己能够透过去，那你就是人间的狮子，真正的总持佛法。这样一个境界要靠我们自身慢慢地去努力。

阿弥陀佛！

谁缚汝?! 你内心生起来的哪个念头能够捆住你? 乃至十法界里面的种种境界、种种想法、种种状态——

第十讲　什么能够捆住我们?

上一次跟大家讲了禅修中心的修行方法。在中国汉传佛教中，禅宗的地位是非常重要的，可以说，中国佛教的特质在于禅，禅是我们汉传佛教，乃至中国佛教最重要的一个特点。所以在禅宗的修行方法上，我们会跟大家讲得多一点。

越拣择离道越远

前面我们讲过禅宗达摩祖师的用心方法，就是二祖、三祖的修行方法。三祖僧璨大师的《信心铭》，叫"至道无难，唯嫌拣择；但莫憎爱，洞然明白"。上一讲我们为大家详细地进行了讲解。你要真正明白自己的本来面目，不是很难，最关键的地方就是怕我们在那里挑三拣四，选择来、选择去。挑三拣四，就有选择，就有分别，因为没有分别的心，是无法进行选择的。很多时候，我们面对两条或更多的路，才会举棋不定，需要选择；如果只有一条路，就不需要选择了。就像我们会长大、会变老，最后会死，就这一条路，没有第二条路可以选择，我们大家都只能这样走。修行之道也是这样，你只要去拣择，就会落入多元的我执分别当中。我们所分别的这些内容，来源于我们自我的执着，而分别的标准则是来源于后天的学习，后天学习的知识越多，分别的内容就越丰富。我们会拿着各种不同的尺寸、不同的标准，来选择自己的人生，选择自己的生活态度，但却离道越来越远。所以，你想明白这个道，明白自己的本来面目，最重要的就是"唯嫌拣择"，最怕你在那里挑来拣去。

"但莫憎爱，洞然明白"，就是不要喜欢，也不要讨厌，一切恰到好处。如果你有喜欢，就会被自己的欲望带走了；如果你有讨厌，就会被自己的嗔心带走。当然，虽然你不喜欢，也不讨厌，但不是清清楚楚、明明了了的保持这种觉知，也很难到达这个道。善也没有，恶也没有，这是无记的状态。睡着了没有做梦，这个时候，好像没有善也没有恶，但并不是道。所以，在修道的路上，但莫憎爱之后，还要洞然明白，这是三祖的一个修道方法。整个《信心铭》贯穿了这样一个修道的理念。大家如果有机会，最好能把《信心铭》背下来，掌握这种用功方法，用祖师大德的口诀，随时来对照自己，将会终身受用。

唯求解脱

三祖之后是四祖道信大师，四祖非常有善根，很小就出家了。他在做沙弥的时候，一次，听说三祖僧璨大师是禅宗的祖师，非常了不起，便心生仰慕。后来，他有机会见到僧璨大师，便直截了当地对三祖说：请和尚为我开示！为什么要乞师开示？因为和尚是禅宗的祖师，是佛再来传佛心印的人，是能帮我解脱的人。三祖问他：到我这里来求什么？他坚定地表示：别无所求，唯求解脱。可见道信大师虽然年纪轻轻，但有着非常纯正的发心和发自内心的愿力。如果你随随便便地说一句，我只求解脱，其实是没有多少分量的。我们大家看看自己，在人生的路上，有多少时间、多少选择，是为了要解脱的？很少。有时候我们听法都不是为了解脱，只是想多增加一点佛法的知识，或者是其他的一些原因。

唯求解脱，想必四祖对自己的不解脱已经产生了巨大的疑团——我为什么要求解脱？出家修行就是这样，为什么要出家？为什么要修行？真正的出家修行，就是非帝王将相所能为，乃大丈夫之所为。之所以说乃大丈夫之所为，是因为世间的帝王将相成就的是世间法，而我们要看到生死巨大疑团的背后到底蕴含了怎样的内容。我要明白的这个东西，非帝王将相所能为，更不是一般人能够想得到的。一般的人，几十年光阴吃喝玩乐就过去了，哪里还能想到解脱不解脱呢？

你看道信大师小小年纪，想到的只是求解脱，跟后来的六祖大师到五祖那里去的味道差不多。五祖问：你这獦獠到这里来干吗？六祖说：只求做佛。一个南蛮之地来的贱民还想成佛？一般人听来，此话明显带有贬义，种族歧视，但当你信心具足的时候，实际上就是给你一个机锋，看你是不是还在意外在的形象，有没有注意到生命的根到底在哪里。实际上，道信大师见到三祖的时候，能够请求和尚为其解脱，或者说唯求解脱，这个时候，他的用心已经到了有个东西捆住生命这里。到底是什么东西捆住了我呢？他在这个地方产生迷惑了。

了解自己的生命么？

用功修行，如果拿世间有相的行为来说，我们剃除须发、受完戒，过上了出家的生活。每天上殿、过堂、念经，然后也吃饭，也做事情……这是不是就是佛法了？日复一日，我们是不是就已经解脱了？这是基础。佛法确实有深浅次第，基础打好了以后，你如果就这样继续做下去，仅仅是种下了解脱的因，并不是真正的解脱。因为你的这些行为还是围绕外在的相上去做的。凡所有相，皆是虚妄；凡所有相，必定无常。总有一天你会死掉，烧掉后也只是一把骨灰而已。之所以有种种外在的仪轨和劳作，是因为我们太着相了，需要从相上一步一步地去习改过。但这些相，包括持戒、守规矩、遵守丛林里的制度等，背后的目的非常明确：要让我们的身心更加稳定——令身欢喜、令身安乐、令正法久住。

当你持戒、守规矩、身心安定下来之后，要问自己：我对自己的生命真正了解么？生从哪里来，死到哪里去，到底有多少把握？其实很多时候，作为一个凡夫众生，这个疑惑从来就没有解开过。暂且不说生前死后，就是现在我活在这里，我有身体，我头脑清醒，我头脑为什么会这么清醒？我讲话时自己会知道，眼睛能看到外面，眼睛、头脑等只是机器，机器的背后是谁在操控？比如说快乐，它不是一个东西，但是为什么会这么强烈地感受到快乐？痛苦也不是一个东西，但是为什么会如此真实地感受到痛苦？我们对境分别比较后，会有种种情绪的反应，能产生情绪反应的到底是什么呢？一辈子活下来，居然不知道自己是谁！真的不知道，是不是很遗憾呢？

我们生活在一个非常局限的时空当中，我们所有的想法都是很局限的。比方说，仅仅懂得汉语的人，只能用汉语的语言文字习惯去思维，没有办法用英语的语言习惯去思维。同理，其他国家的语言没有学习过，你也不可能用其他国家的语言习惯去思维。仅就汉语的世界而言，在你的思想体系里，如果没有学过儒家、道家的文化，又有多少的缺失和局限呢？一个种地的农民，就是一亩三分地的想法，不会有别的什么想法。因为你的思维——第六意识构造起来的范围是非常狭隘的。你感受到的那些幸福和快乐，要是农民的话，就是粮食和菜的收成好一点，房子不要受自然灾害的侵损，就觉得日子过得蛮不错了，不会有其他更多的想法了。我们从来没有学过的，从来没有经历过的，绝不可能凭空产生新的想法，一点可能都没有。

我们思维模式的局限决定了，我们以为了解这个世界，懂得这个世界，自以为是，其实不是。即便你学了物理学、医学、心理学，把世间的学问都学完了，这些学问的本身也都是在发展变化的过程中，你的所学还是非常的局限。庄子讲得很清楚："吾生也有涯，而知也无涯。"真正的知识是没有边际的。这个世界那么丰富，我们随便抓一把泥土，用化学去分解，里面的奥妙就难以穷尽，更不要说我们这个人体了。人体本来就是这个世界上最神奇的几大疑案之一，身体的迷跟金字塔的迷绝对不相上下。我们太不了解自己的身体了，不了解身体神奇的功能、作用。释迦牟尼佛说，每一个毛孔他都知道，每一个毛孔里能够出多少香、多少汗水，他都清清楚楚。佛对每一个毛孔、每一个微量元素，都能够很清楚。我们凡夫众生，有些人病倒了，都不知道身体出了状况。我们对自己的身心、对这个世界，所知道的实在是太少、太狭隘了！在这样一个狭隘的知识结构和狭隘的生活环境里面，我们想得到解脱，怎么办？我们的生命，能不能跳出这些狭隘从而得到解脱呢？

是什么捆住了我们？

要从这些狭隘里面解放出来，首先需要的是松绑。我们需要仔细地审视一下，是什么捆住了我们？其实没有别的，是生活捆住了我们。

大家可以感受一下被生活捆住的你：你的思想，是从小一点一点学习积累演发而来的。按佛法说，如果这一生的生活没有捆住你，前一生的生活也会留在你的记忆当中。有些人与生俱来就特别胆小，有些人天生就脾气暴躁，当然，多多少少跟这一生也有很大的关系，特别是你的所谓观念，脑子里面层出不穷的种种想法。但是你再有想法、再有创意，都离不开这一生所学的知识范畴，离不开这一生所掌握的语言文字的习惯思维，离不开这一生主流社会的价值取向和判断，你只能是随波逐流、人云亦云。我们的第六意识，受后天的自然环境、人文环境以及别人教导的影响，你接受了这些东西，自然被它们所左右、困扰、捆缚。我们不断地为学日益——不停地接受这个世界的东西，所以，想要从这个捆缚里面抽身解脱出来，好像很难哟！因为信任惯了，依赖惯了，追求惯了，天下人都如此，天经地义。

这就像你进入了一个迷宫，想从这个迷宫里面走出来。在迷宫里面所找的人、所找的方法、所问的路径，全部都是迷宫里面的内容，怎么可能走出来呢？世间法就是这样，除非有一个从迷宫外面进来的人，才能够引导我们走出去。最明显的就是生气了，想通过吵架、骂别人，让自己获得心灵轻松的感觉，终于觉得自己赢了，出了这口恶气了。但实际上，你采取的这个方法，根本就不是真正的方法，因为采取了这个方法之后，你的心情又被破坏掉了，你的环境又被破坏掉了。在六道当中的每一个众生，他的言行举止，所有的生活内容，全部都是在迷宫里面，只能是倍受束缚。

我们能够体会到的自我存在，仅仅是在世间跟别人对立起来后的自我感觉。没有禅定的功夫，别说找到自己内心的解脱，能想到这个问题、问到这句话也并不容易。四祖道信大师见到三祖后，表达了唯求解脱的意愿。三祖反问他："谁缚汝？"是谁、是什么捆住你了呢？

这里面有两个地方需要澄清：一个是被捆的那个我，我被捆了；一个是捆你的东西，谁捆你了？或者说不解脱的是谁？其实这两句话都有同样的效果，但这是两个角度。比如说，有个东西我要把它捆住，捆住后你帮我解脱。第一，被捆的那个东西是什么？第二，拿什么来捆这个东西？这句话问出来，它的界限在哪里你要清晰。当你专注在我被捆了——我在生死中，我在轮回中，我在烦恼中，我要解脱，感觉到种种东西梗在心上，把我压在那里。但是，如果你有一定的禅定功夫，自己去参的话，心里都明白，世间的财色名利肯定捆不住我了，辞亲割爱出家，什么都不要了。这个时候，师父要指引你，到底还有什么东西捆住你？身体能不能捆住你？我们大家都有自我感觉，那个自我没有形象，你看不到那个"我"到底是什么面目，好像空气一样。如果是空气，空气能被捆住么？捆不住，没有东西能捆住。用功的第一个阶段，需要把六尘先剥落掉，就是根和尘先脱开。此时的道信大师，这个功夫肯定是纯熟了。

粘住五蕴　动弹不得

四祖之后宋朝的参话头，就是直接在你根尘对立的地方，先把外在的尘屏蔽掉，所谓"至道无难，唯嫌拣择"。只要一拣择，你的心就向外去追求了，就被尘困住了，心就被它粘住了。在佛经里面有一个比喻：有个大力士到海里去采宝，路上遇到一个罗刹，这个罗刹要吃他。大力士力气很大，天不怕、地不怕，看到这个罗刹扑过来，一拳就抡过去，不料这个罗刹身上黏糊糊的，像有胶水一样，手被粘住拉不回来了。大力士左手又出重拳，又被粘住了；上脚踢，脚也被粘住了。手脚都被粘住了，他还是不服气，用脑袋撞了过去，结果脑袋也被粘住了。这个时候，罗刹问他：你还有没有招了？没有了。

佛通过这个比喻告诉我们，我们凡夫时时被五蕴所粘住。当你对这个世界、人生产生恐慌和对立的时候，你就被色法粘住了。当你很在意自己的感受时，你就被受法粘住了。当你脑子里面出现想法，觉得我对你错的时候，你就被想法粘住了。你观察人生无常的变化，你一谈无常，就被无常带走了，无常就是五蕴当中的行蕴。我们经常感慨，有时候还告诫大家：人命无常，赶紧用功。但如果从见道来说，无常就是在相上，世间相是无常变化的，一旦被这个行蕴捆住了，最后还有自己的观念。观念就是识蕴，你认识这个世界，认识的范围是非常有限的。把有限的范围当作自己努力的方向，或者当作自己可以跟它拼搏的地方，好了，五蕴全把你捆住，你就动弹不得。就像这个大力士，生生世世在这里干活、做事情、造业，做了很多好事，做了很多坏事，结果五蕴的罗刹鬼一到面前，没有不败的，全被它给粘住了。

我们要用功的时候，先要想办法解粘去缚，让六根背叛六尘，内在的根暂且先不管，至少你的意识生起来的那些妄想，是不随六尘翩翩起舞的。你用功了便会知道：你的想法无论多对，只要一分别，就已经是错了。

如果拿世间的分别来说，事情做得好一点，会种下善根，积累一些功德、福德的因缘。但是不能着在这个相上，一着在相上，其实就没有太多的功德了。因为你的心被它捆住了，得不偿失。明明做了好事，结果放不开，这个好事又把你捆住了。很多人就是这样容易被善法捆住，自己稍微有点德行，看见没有德行的人就受不了，这就是你的德行把你捆住了。当一个人觉得自己做得挺好，但看别人就是不好，举出来一大堆不好的例子来，其实你也不咋地。不是说你是非分明不咋地，是你被自己的执着捆得那么紧，你的心根本就不在道上，你哪里还是什么好东西呢?

给自己的心灵松绑

把心安在道上，我们就不会被捆住。所以，道信大师见到三祖唯求解脱时，之前他的用功一定是透过了根尘的纠结。透过来之后，我们内心还会觉得有个东西在那里，就像鱼刺卡在喉咙一样，吞不下，又吐不掉，很难受。有些人到这里，感觉自己道理好像都明白了，但是又感觉好像什么都不明白。这个时候怎么办？他要一直在那里盯着，盯着的时候，外面六尘对自己的干扰，实际上已经没有太大的作用了，但是内在的自我干扰却一直在。所以，修行人基本的品行养成后，持戒、守戒的基础能够做到，剩下的就是跟自己做斗争。比如说，你贪好的衣服、住房，在物质生活上讲究，就要通过修苦行，把对外在的讲究放下一些，不要花精力去关注这些东西。现在外面的斗争已经没有了，做人已经相当不错了，剩下来的全是自己的问题——向自己内在的斗争刚刚开始。

有些人修行，身心体会不到很清净的时候，每天要靠完成很多功课，靠外在的行为来调整自己的生活态度、语言态度。我们看一个师父，言行举止、日常生活、待人接物，都不会去伤害别人，那么清净，真好！其实，这个时候他才开始对自己动真格的——向自己内在的无始劫来的习气挑战。所以，当他六根跟六尘脱开以后，六根自我感觉就是我，六尘就是它。我对它，所以也叫六入，六根老是进入到六尘里面去。六根六尘，也叫十二处。根和尘分开以后，这个根本身就是个生灭法，把我们束缚得最多、捆得最紧的就是这个地方。当你从这个地方要解脱出来的时候，这里面有一个很严重的问题要解决。

如果是参禅的，你可以问：谁缚汝？哪个东西捆住了你？把注意力放在你这里，还是放在谁这里？捆你的东西是主要的，还是你是最主要的？反过来也可以说，缚的那个是谁？如果讲缚的那个是谁，等于是祖师好像肯定有个捆住你的东西。所以，三祖问得非常好，因为四祖想要求解脱，解脱是针对捆绑来说的。

我曾经发过一个微博就叫松绑。我们要给自己的心灵松绑，捆住我们的东西太多了：历史的、文化的、现实生活的、人文道德的、社会观念的、生活养成的、家庭教育的，种种思想、种种要求，包括我们学佛以后，很多思想行为也会无处不在一层一层地把自己捆得死死的。你的心其实像虚空一样，怎么能捆得住呢？我们偏偏就感觉到：必须要这样做，必须要那样做，好像不这样做、不那样做就不行。结果呢，自己的心非常压抑、揪揪巴巴的，不松绑怎么了得！所以禅修的时候，你可以这样观想，坐在那里，把你的身心世界一切的捆缚都让它还原，彻底地还原。

贼王就是第七识

实际上，道信大师在请求三祖帮他解脱的时候，全部注意力已经聚焦到问题的核心处，而不是我们平常简单的一句要解脱。他看到了不解决这个问题的严重性，就像参禅的人，找不到话头，就找不到贼王。擒贼先擒王，如果贼王找不到，贼窝就端不掉。

贼王是什么？如果按八识来说，贼王就是第七识。自己好像没有形象，是一个老好人，好得不得了，好得让你找不到他的毛病，所以我们维护他，对他言听计从。当你有了禅定功夫，心静下来到一定的程度时，你会看见或者说感觉到这个地方，需要给它解放掉，因为好像有东西在束缚、捆绑着自我。三祖问四祖："谁缚汝？"谁在捆着你，把那个自我的边界找来看看，内心的边界到底在哪里？如果是捆的话，绳子得有个下手处，捆的地方得有个边界。我们心灵的边界在哪里呢？有没有一个能捆住你的东西呢？我们的心是尽虚空、遍法界，大到没有外，哪个东西能捆住你呢？小到没有内，又有哪个东西能捆住你呢？

我刚出家的时候，曾经傻乎乎地问师父说：我这么虔诚拜佛，佛怎么也不现身给我看看呢？那样我的信心就会很足。佛都不给我看看，我的信心生不起来了。师父就问我：佛离你很近，你看得见吗？我当时想，很近在哪里？近在我眼睛里，我肯定看不见。师父又问：佛离你很远，你看得见吗？很远就在西方极乐世界了，我当然看不见。那不远不近你能看得见吗？我就想，不远不近在哪里？什么是不远不近呢？才发现看不见，用我的肉眼根本看不见佛。肉眼只是看到相，所有看到的相都是有局限的。如果佛现在坐在前面给你看，一会儿肯定就没有了，这个化现的不是真正的佛。

什么能够把你捆住？

我们现在来看看，自己的心被什么东西捆住了没有？参禅的人可以在这里问一下。简单地说，捆住你肯定是有个东西，到底有没有这个东西？

没有功夫的人会怀疑，三祖的一句"谁缚汝"就把四祖解脱了？是因为不知道四祖功夫已经做到什么程度了。他能够回答三祖：没有东西捆我。这句话不是随便讲得出来的，没有一定的功夫，哪里捆不住你？两个巴掌过去你就满地找牙，受不了了。但如果你发起了无比殊胜的菩提心——"将此深心奉尘刹，是则名为报佛恩"，把身体碎为无数的微尘，能不能利益众生，也是随缘。度众生也不能成为一个束缚，让自己累得不得了。在这个关键时刻，他能够有气魄地回答出来，一般的人就做不到。当然，有些人吹牛说我很自在，其实哪里是自在？很容易就变成自私了。

当你真正看到自己的内心，自己整个的这一期生命，乃至从今往后无量劫的生命，没有任何东西能够捆住你。这是一种什么感觉？实际上，就是生命的边界没有了——我们的真心是没有边界的。我们误会的这个自我，有我就有你、就有他，我、人、众生、寿者，就对立起来。当你的心跟这个世界对立的时候，世界的一切都在捆着你、束缚着你。你很压抑，很痛苦，左右上下都不是，举心动念，无非是罪，因为被捆住了，生命有了边界。但是当我们一一去检索这个心，就会发现：谁缚汝？你内心生起来的哪个念头会捆住你？贪财的念头，还是贪色的念头？报仇的念头，还是感恩的念头？乃至十法界里面的种种境界、种种想法、种种状态，什么能够把你捆住？

我们在日常生活中，总是不得自在，现在可以看看是被什么捆缚住了呢？你的爱人、亲人，还是朋友？情感、事业、名誉，还是成就？你可以深入地拷问自己——这一生最想要的是什么？如果你能说出最想要的那个，那个就是捆住你的东西。

被执着绑架的凡夫

四祖从内心去检索便发现：没有谁能捆得住我！这是一句顶天立地的话，不是一般人能够体会到的。这个没有什么能捆得住的，其实就是我们的真心，他明白了这个心。他不会说身是无常，是无常捆住我了。身体不是我，身体是有生必有死。会用功的人，怎么可能会执着一定要把身体弄好呢？身体生老病死的这个过程，已经很清楚地摆在你的面前。你内心的束缚不是指身体，我们感觉到的自我也不是指身体。你感觉到的我，比如说我很快乐，我很难受，是指你的内心。你的内心又没有形象，不可把捉。只有参禅，或者自己对这个问题已经有思考，觉得这个迷宫好像走不出去，需要有人引领。所以经祖师这么一指点，四祖马上受用了——"谁缚汝？"一句话把生命的边界打开了。他才能够很直接地说：没有谁捆我。

当体会到没有谁捆我，我们大家也体会一下：把捆住你的那些东西，都当成一条绳子，把它剪断了——绳子断了，没有谁可以捆住你了。

一个人活着，如果为了事业、家庭，甚至为了弘扬佛法或维护道场，为了任何东西，把自己的心捆住了，都是错误的。没有任何东西能捆住的，才是你的心。我们有时候会在意识上养成一种习惯，好像非这样不可。比如说有些人有洁癖，非干净不可，不干净就不行。你再干净，死了以后，也是入火葬场，也是没有用的。那个执着，就是自己把自己五花大绑了，而且这个五花大绑也是假设的，不是真的。如果是真的，天下人谁能解脱呢？

凡夫很会假设。有一个经典的比喻，讲得最清楚不过了：夜里你在路上看到一条绳子，以为它是蛇，于是就受到惊吓，脑子里瞬间冒出无数种应对措施：豁出去了打死它，还是夺路而逃？哎呀，我恐怕难逃此劫了，蛇会咬死我，孩子、老婆怎么办？老人知道了，白发人送黑发人，太惨了……尽管你想得上天入地，结果那根本就不是条蛇，一根绳子而已，虚惊一场啊！但是，我们就会进行一系列很丰富的假设，让心灵在那里纠结、痛苦。又比如对感情的执着，认为这个人不理我了，他如果离我而去，我怎么活呀？自己给自己假设了一个没法活的标准。其实谁离开谁都是一样地活，谁怕谁呢？你的生命本来是谁也不需要，才是真正的自在。偏偏就是要这样、要那样，结果自己就完全被捆住了，世间的财色名食都是如此。

被佛法捆住的修行人

我们修道的人，也常常用修道的一些标准，把自己捆得死死的，很多人把自己修得愁眉苦脸的，真的是很可怜。每天都好像很辛苦，要花很多精力，消耗很多的能量。苦大仇深似的，老是看别人有一大堆的毛病，看到众生不学佛很苦，自己的内心也很纠结。实际上，这也不是菩萨的本怀。菩萨度众生，也是先证得同体，知道一切法本空，度生的事业也是空花佛事、梦里菩提，哪里有什么执着？做过也如春梦了无痕迹。你的内心有那么多的痕迹，把自己捆住，而且是以修行的名义把自己捆住，这个实在是更可怜了。世间人没有学过佛法，不懂没办法，你学习了佛法，头上安头，又用佛法来捆住自己，你说这是何苦？

所以，禅宗为什么在历史上得到这么多人的青睐，代代传承，弘扬不绝？就是因为它的单刀直入、不留面子，一点情面都不留，佛来佛斩，魔来魔斩。用佛法的名义把自己捆住，照样不是自在的解脱人。当然，不以佛的名义捆住，不是说你看到佛像不恭敬，那你同样又被自己的妄想捆住了。

大到没有边际的心

四祖的这句没有东西可以捆住自己，我们可以作为一个话头来讲。看看什么东西能捆住我们呢？

　　首先，自我的概念是什么？这个自我很难搞清楚，那么你就问谁来捆住我？当你的心大到没有边际的时候，捆住你的人就没有了。如果我们执着在这个房间里面，这个房子就能捆住我们。如果是执着在寺庙里，寺庙的围墙就能捆住我们。如果只承认自己的国家，国家的边界就能捆住我们。如果你只承认人类，人类的边界就能捆住我们。如果你承认众生界十二类生在那里受苦，你心里会难受，想救它们出离苦海，九法界的边界就能捆住你。所以到最后，连菩萨上求佛道、下化众生这么伟大的事业都是在捆住你。四祖说没有东西能捆住自己，这是一种什么状态？这个心跟佛的心一样——无涯岸啊！大到没有边际。

　　这就是禅宗，一指到底，一点面子都不给你留，一点后遗症都没有。你能真正明白这个法，一竿子就捅到底了，一下子就彻底解脱了。

　　彻底解脱了以后，会不会还有反弹？反弹过来的只是你的习气、脾气的惯性等等。如果你真正像道信大师这样，功夫已经用得很好，习气就很少。为什么说一个人刚出家，需要把道德心养成，多奉献、多吃苦耐劳，多去做事情？因为一旦道德养成了习惯以后，做人的基础很好，那么你在解脱的时候，就会顺理成章，修行起来会很快。一旦听到这个法，心胸马上涣然冰释，发现所有的世间法，无论是善的还是恶的，都捆不住你了。此时你的心怎么样？没有贪嗔痴，没有是非，没有爱恨，没有好坏，没有长短，没有选择，没有对立，没有对比，没有狭隘，没有局限……通通都没有了，这才叫没有被捆住。

皮肤脱落尽　独露一真实

你不是想解脱么？把对立的、捆住你的外围通通给你扫除干净了。有一句话叫"皮肤脱落尽，独露一真实"。当你的皮肤、皮毛全部脱落——五蕴的外衣全部剥落了，就是《心经》讲的"照见五蕴皆空，度一切苦厄"，把所有束缚你的通通消除掉。这个时候就是"揭谛揭谛，波罗揭谛，波罗僧揭谛，菩提萨婆诃"，就是在彼岸，而不是在此岸。在此岸一直是被捆的，我们那个被捆的实际上就是一个自我感觉。所以，当三祖听到四祖说，没有谁捆我的时候，三祖马上说了句："与汝解脱竟。"已经把你解脱完了。

这里面我们不能觉得文字很上口，耍嘴皮子可不行！四祖是全身心地投入，把整个生命中最纠结、最核心的问题提了出来——唯求解脱！他对三祖的信心是百分百的，所以当三祖问他"谁缚汝"的时候，他才能势如破竹地将所有缠缚住生命的东西寻觅个遍，得大自在、大受用！大家如果定力好一点，禅定功夫深一点，听到这里也能够让自己看到，一切有相的、有思想的、有观念的都捆不住你，这个心就呈现出来了——玲珑剔透、一丝不挂、一尘不染。如果你没有禅定功夫的体验呢，或许一扭头又故伎重演，这就没办法了。

禅宗六祖以前都叫直指之法，这也是三祖给四祖的一个直指，直截了当地指示：没有谁捆你！四祖就解脱了。道信大师非常高兴，给三祖顶礼，感谢三祖开导之恩。这种开导真是透脱，三言两语之下，整个生命的所有障碍全部就解决掉了，完全玲珑剔透了。道信大师感恩至极，喜极而泣，最后，在三祖身边奉侍了九年。这九年实际上也是大师悟后保任的过程，因为刚刚明白这个道理，如果一离开善知识，缘起好的话，可能还能保任，功夫还能继续做下去；如果缘起不好，遇到邪见外道，或者二乘的修禅定的人，几下子把你说的晕头转向，可能又不知道错到哪里去了。

古人怎么修道？一旦悟到了这个理，必须要保任。六祖大师开悟以后，也在猎人堆里住了十五年。四祖到三祖这里，言下就悟，悟道了以后，在三祖身边住了九年。之后，才慢慢出去弘法，把禅法弘扬到天下。这就是四祖的悟道因缘。他悟道以后，写下了《入道安心要方便法门》一书，通过念佛法门，通过种种的方便，把没有谁缚我的或者是没有能捆住我的这个消息透露给大家。这个我们下一次再给大家讲。

阿弥陀佛！

我们想不想知道阿弥陀佛的心是什么样呢？阿弥陀佛、阿弥陀佛……没有妄想地去念这句佛号的时候，你看清楚了：这就是佛的心——

第十一讲　念佛心是佛

没有人能让你痛苦

上一次我们讲到，禅宗三祖给四祖传的以心印心的直指见性法门。四祖向三祖说：我求解脱，请和尚为我解脱。三祖问他："谁缚汝？"谁捆你了？他说：没有谁捆我。没有谁捆你，那就已经帮你解脱了。就是这样一段非常简单的对话。

实际上，我们在渐教的修行过程中，所做的一切，都是修行的准备工作。我们往往是用一个方法把自己绑架，绑到另外一个地方，又重新换一个方法。六道轮回就是不停地自我绑架，要么拿贪嗔痴来把自己绑住，要么拿戒定慧来把自己绑住。心灵本来是自由自在的，却由于我们的无明烦恼，总要舍一个、取一个，这边刚刚扔掉，那边又要把它建立起来。心灵永远都在那里忙忙碌碌，随着一切外境、一切心念不停地流浪。所以所有的轮回、所有的生死都是束缚。在分段生死中，我们是被自我绑架了，我们把自己捆住。谁来捆呢？就是自己来捆。没有任何人能捆住我们，唯独自己把自己捆住。

有个在家居士，是一个年轻人，他非常痛苦地跑到佛陀的面前，声泪俱下地同佛说，他受到了极大的打击，现在是生不如死。他说得非常认真，希望佛陀能够救度他。佛陀只是看着他，说：没有人能让你痛苦。年轻人继续诉苦：家里的房子被人家抢占了，种的地被人抢占了，养的猪也被人抢去了，我现在是家破人亡，太痛苦了！活着还有什么意义呢？佛陀还是静静地听他讲完，又跟他说：没有人能让你痛苦。年轻人又开始了新一轮的"痛说革命家史"：父母亲从来就不关心他；成长的过程中，遭人欺负是家常便饭；没有人爱他，没有人给他温暖，他是世上最不幸的人，太痛苦了！佛陀依旧静静地听他说完，然后很严厉地对他说：没有人能让你痛苦！噢，这下子听进去了，他当下观察自己：是啊，谁能让我痛苦呢？他跟佛陀说：世尊，我知道了，没有人能让我痛苦，其实这个世界上没有苦。佛说：你这样就是得阿罗汉果。我们看，佛在世修行太容易了，一个深受人生折磨、痛苦不堪的人，佛只跟他讲三句——没有人能让你痛苦，他就得阿罗汉果。祖师大德也有这样的经历，几句话就让心灵得到解脱。

心本来就是解脱的

我们大家发出离心，要求解脱。要求解脱——这是一个多么冠冕堂皇的理由，可以说走到哪里都能讲得响的。发心出家就是为了求解脱，可是谁又捆你了呢？诸位能不能往内心里看看，看看自己的这一生，平常生活当中，有哪件事能捆住你？有哪个人能捆住你？有哪个理由能让你坐立不安？又有哪种情绪能让你忧虑不已？确确实实没有任何东西能够让我们束缚。所以道信大师说：寻求解脱何曾缚？不曾有人捆我们！很明显，无始劫以来就没有任何东西捆我们，但是，无始劫以来我们就是在这里轮回，太奇怪了！

道信大师悟道之后，他彻底明白了一个道理：这颗心就是佛。心本来就是解脱的。我们不要以为自己是个凡夫，烦恼痛苦很重，需要通过修行，把这个心修修补补，补到最后，就把它带到涅槃的世界去了。我们经常感到自己是千疮百孔。更有人觉得，人生在世可以说是遍体鳞伤，屋漏更遭连夜雨，哪壶不开提哪壶，怎一个苦字了得！没有能力的，找不到人相助一把；心灵孤寂、焦虑的，不知如何去排遣。看上去，好像每个人都在遭受很多的苦恼，但是，当我们觉得自己千疮百孔的时候，当我们真切地感受到很多苦的时候，真相却是：这些苦都不是你呀！我们只是接受了一个苦的信号。我们不愿意接受事实，总觉得现实中的一切都不是我想要的。我们甚至不愿活在当下，我们会想西方极乐世界总比现在好，开悟以后的境界总比现在好，希望永远寄托在遥无边际的未来，忘记了你的生命全体就在当下。所以，道信大师悟道以后，写了一本非常著名的著作，就是《入道安心要方便法门》，讲入这个道，怎样能够把心安住，其中两点非常有特色。

什么是念佛三昧？

从道信大师开始提倡在生活当中修行，也可以说，中国农禅并重的传统开始了。他认为禅修者或者出家修行人，应该有自己的房子和田地——中国农耕社会的标准生活。有房子可以身安，身安才能道隆。所以寺庙就有自己的房子，把禅堂建了起来。大家在那里一边打坐，一边种田，能够安居乐业。但是，这些只是一种外在的形式，实际上道信大师之前，达摩祖师虽然在少林寺的少室山面壁九年，他出来弘法却没有在少林寺。他是游方的和尚，就像佛陀在世的教育一样，在这里讲讲课，聚众说法，说完了有受用了，又到别的地方去了。到了四祖道信大师这里，他根据中国人的习惯，将修学的场所固定下来，一起来学习。学习什么呢？就是他写的《入道安心要方便法门》。

在这里面，大师倡导两个修行方法。第一个方法，就是净土宗的念佛。虽然念佛法门从庐山慧远大师就开始弘扬，经东晋时期到唐初的善导大师，也是弘扬净土宗，一直到唐朝的道信大师。但是，道信大师弘扬的净土宗念佛，不像以往净土宗仅要求往生，他告诉我们："念佛心是佛，妄念是凡夫！"他指出：如果念阿弥陀佛，要想达到一行三昧，就是《文殊问般若经》里讲到的念佛三昧的修法。念佛三昧也叫一行三昧，念佛怎样才能证得三昧？过去讲念佛三昧不是专指净土法门的念佛三昧，指的是修念佛法门能够获得正定，三昧就是正定——不受一切受。如果按我们禅修时候的引导，身心很愉悦，这是由第六意识的专注达到的，这是世间的禅定，它是妄想的境界。但是妄想有好有坏呀，坏的妄想是很痛苦的，那我们就用好的妄想，让自己感觉到非常快乐、非常愉悦，就是一个正面的妄想境界。所以他用念佛来达到三昧的境界，比我们用第六意识达到快乐的境界要更高。所以，四禅八定都不叫三昧，不算是真正的出世间的大定，不是出世间的正定。四禅八定虽然心定了，但它是属于善法所摄，而三昧呢？属于定业，是大乘的禅定。

心能被捆住吗？

道信大师自己所领悟的是直指法。直指法就是：你的心被捆住了吗？看看你的心被捆住了没有？拿根绳子来能把身体捆住，但是拿根绳子来能把你的心捆住吗？我们心里感觉到对某某人有仇恨，某某人真让人受不了。又比方说，自己的长相、能力、语言表达、种种思想，种种能想到的烦恼和痛苦，都是有相的。包括我们的自责——哎哟，我好像没有尽孝；我是不是弘法事业做得不够呀，众生很苦，我都没有去做，心里好难过——这个时候，全都是有相的，一着在这个相上，心里就不舒服了。情绪、情执被相所捆了，你才感觉到难受。但实际上，当离开这些相时，最简单的事实就是大家现在坐在这里，我们不用吃饭、走路、干活，也不用去记挂任何人。这个时候，所有的相都离开我们的心，你会发现，这个心没有形象，是任何东西都捆不住的。谁捆你了？天地之间，除了生死以外没有事情。生死是大事，其他全是小事，没有一件是真正的大事！天塌下来是大事，天塌下来了吗？没有塌下来。一切依然，没有任何一个事物、任何一个相，能够把我们这颗无相的心捆住。所以你会突然明白：这个心本来没有形象，还在那里瞎着急干什么？

直指的法门非常好！一竿子捅到底，不假任何造作，你的心就是佛。道信大师在《入道安心要方便法门》里面讲述的两个方法，是除了直指之外的两个方法。直指是大师的对机施教，学人需要有一定的基础。大家如果有一定的禅修经验和闻思基础，平日里对自己的心也有观照，应该能明白。除了胡思乱想的妄想，我们的心，好像一想到东西就有相呈现出来。其实，那个会想东西的，是没有相的。我们经常说意根，其实意根就是真心。我们不懂得它是真心，把它抓住以为是我，围绕这个自我在那里生气、难受、纠结、痛苦。如果不把自我帽子戴到心的上面去，不把这个我——能所对立的这个我，横加在意根上面，此时的意根就是真心。第八识的见分就是我们的真心，它有能见、能看、能说的功能。我们是把能看、能见、能说的功能当成我——我看见了，我听到了，我想到了，把这个当成我。其实它不是我。它是没有边界的，心有边界吗？心在你身体里面，还是在你身体外面？因为它没有形象，所以你不能说它有，但确实有这个心在这里，能想、能说、能听、能看，所以你又不能说它没有。

我不缚我谁缚我？

当你直截了当地去感觉心的时候，其实是最舒服的。为什么呢？因为没有任何一个妄想，没有任何一种业，能够把心捆住。心是捆不住的。所以，如果你会用功，道信大师的一句话就够了：谁捆住你了？你不是要解脱吗，看看谁捆住你了？

在座的诸位看看，心里面有没有东西捆住你？对世间的欲望放下了，仇恨的情绪放下了，没有希望、没有愿景……最好的出离心是什么？就是让自己彻底绝望。你对世间法还心存希望，哪怕就一点希望，从解脱的身心上说，这点希望，在生命无尽广阔自由的空间里，就好像凤毛麟角一样。有些在家人，只希望自己能够有个房子遮风挡雨，安稳地在那里睡觉，就觉得已经很幸福了；有些人希望孩子听话，将来能够出人头地。你说这叫什么希望？我们的心是没有形象的，尽虚空、遍法界，大而无外，小而无内。从这样一个生命的真相来看，从无尽的时空来看，你的所谓愿景，全是鸡毛蒜皮的小事，没有一件是真事、是大事。就算把这个世界、人类，把这个地球全部都交给你，也是鸡毛蒜皮的小事。因为有相比起无相，永远都只是指甲上的一点沙土。

所以，能够在当下看到没有任何相的时候，才能直截了当地、一步到位地体会到自己的心。不要说别人有没有捆住你，只看自己有没有捆住别的东西。我们是用我们的习气，用我们的烦恼，两只手从生下来就是抓，抓、抓、抓，一定要抓。这手抓精神，那手抓物质，这手抓信仰，那手抓业障，哇，抓得好辛苦啊！这个抓来抓去，就是横行霸道、蛮不讲理，像螃蟹一样到处是钳，剪刀一样地破坏这个世界，破坏周边的人际关系，破坏自己的心灵和谐。仔细追究，我们是被自己捆住了。但是，捆来捆去，我们的真心却毫发无损，因为它没有形象，是破坏不到的。你再折腾，折腾的东西全部都是有相的，所以说，轮回真是可怜！就好像在梦里面，梦里面的境界很真实哦：老虎追来了，恐怖得不得了，吓出一身冷汗；梦到悲情，眼泪也真的淌湿了枕头……但醒来时，却空空如也。一样的道理，我们平常生活中的一切纠结、对立，在无相真心的面前，全部都荡然无存。所以能够直截了当地体悟，这是很不容易的，这是最好的法门。

当下承担——回光返照看自己——我不缚我谁缚我？我们看那个捡垃圾的人，每天捡很多的垃圾背在身上；其实，轮回路上的众生都很可怜，每个人都是捡垃圾的人。我们总是觉得自己捡了很多的东西——有名、有利、有财、有色，什么都有，其实什么都没有，仅仅是垃圾而已。对于你的真心来说，全部都是垃圾。你遇到的任何事情，在内心中只要解不开、放不掉的就是垃圾。因为没有东西能捆住你，哪怕是一粒灰尘，都捆不住你。这个时候，就直截了当地透脱了。

心空得了　智慧就来了

不能直截了当地透脱怎么办呢？有办法。四祖大师告诉我们："念佛心是佛！"这句话我在很多场合都反复提过："念佛心是佛，妄念是凡夫。"这句话，用现在的物理学去解释是最好的。尤其是我们念着阿弥陀佛，因为阿弥陀佛就是无量光、无量寿，语言的本身，就是具足无量光——无量智慧，无量寿——无量福德。佛的两足尊，就是福德无量、智慧无量。

智慧无量是什么呢？智慧无量就是空空如也，一个人的心灵空得了，一定是个大智慧的人。你心空不了，天天计较，这个不行、那个不行，这哪里是有智慧呀？一定是没智慧。不是你脑子里记的东西越多智慧越高，能记得很多东西的人，是福报大，但不是智慧。记下来的知识可以转换成智慧，但知识绝对不是智慧。没有终极意义上的觉醒，即便是掌握了一大堆的知识，也是没有智慧的人，这些知识反而有可能全部成为他的祸害。人间有太多的祸害，祸乱人心的言论、外道邪说都是，害人害己。听了他们的学说以后，心就会被某种东西捆住，被死死地捆住，放不开，解脱不掉。门户之间对立，老子天下第一，实际上，这种强烈的我执，会使一个人变形，变成金刚一样，面目狰狞，非常可怕。因为没有大乘菩萨的慈悲心态，看到什么都会觉得不行。那么只要空得了，智慧就来了：在你的心里面将所有的挂碍一刀两断，无量的光明、智慧就在内心中呈现了。

福德无量是什么呢？是一切有都不舍弃。既然这一切法都缚不住我，我何必再去缚这些法呢？没有人能捆住我，我何必再去捆这个人呢？"但自无心于万物，何妨万物常围绕？"就像禅师讲的："竹密不妨流水过，山高岂碍白云飞？"智慧高到回到心的本来面目，一切都空了，就是无量光。无量光就是空了，空性就是光明，大空性就是无量光。空性就是空掉一切相，离一切相即名诸佛。如果空不掉，光明就放不出来。这个光明是智慧针对愚痴的，凡是执着一个相即落在一个愚痴上。我们看大乘菩萨，从登地菩萨开始，要破一品无明证一分法身，那品无明是什么？无明就是愚痴，就是不明不白。无明是怎么构成的？无明实际上是无数的尘沙一样微细的疑惑，你对它有挂碍，这就是无明。

我们这一生有了我，我对财色名食睡有欲望，我对贪嗔痴就有挂碍。你眼睛看到的就是挂碍，耳朵听到的就是挂碍，挂在那里，没有智慧，有挂碍就没有智慧了。所以，当你心中的光明生起来的时候，实际上，是你心中的那些相全部被扫除干净了。就像佛在世时的周利槃陀伽一样，每天念"扫尘除垢，扫尘除垢，扫尘除垢……"最后尘就扫净了，一下子就证得四果罗汉。本来是大字不识一个，什么经书都念不来的，佛陀教他就念这四个字，他能证四果罗汉，因为心中的尘埃全部被扫净了。

阿弥陀佛的手机号码

当你念阿弥陀佛的时候，道信大师告诉我们："念佛心是佛！"证得念佛三昧叫一行三昧，就是当你的心专注在一句佛号上，别的什么想法都没有——阿弥陀佛、阿弥陀佛、阿弥陀佛、阿弥陀佛……你念下来会是什么感觉呢？一开始念，可能还会想到阿弥陀佛手捧莲花、右手放下来接引我们的相——把我们接引到莲花台上面，因为我们看到的佛相就是这样的。但真正念佛的人，大家有念佛经验的就知道，你不可能念一句阿弥陀佛就想到那个佛相，甚至也不会想到阿弥陀佛几个字的样子，只会想到阿弥陀佛。当你念着阿弥陀佛、阿弥陀佛、阿弥陀佛，念着念着心里面没东西了，自然就没东西了，就是当下在念。这就是道信大师后面讲的一句——不妄想念佛，就是没有是非相，没有善恶相，心里面没有妄想，没有其他的想法。

我们有时念一句阿弥陀佛，妄想不知打了多少个。阿弥陀佛、阿弥陀佛，咦，好像吃饭时间到了；阿弥陀佛、阿弥陀佛，怎么还没打板？这些念头的冒出，其实就是心不专注的缘故，用功不专注，你就找不到心的感觉。所以，当我们专注在这句佛号上——阿弥陀佛、阿弥陀佛、阿弥陀佛，越念心里面越空，越念心里面什么都没有。什么都没有你却很清楚，很清楚念的是阿弥陀佛，不是睡着，也不是做梦，其实这个状态就是智慧——心里面什么都没有，却又念着阿弥陀佛、阿弥陀佛……有人说，念阿弥陀佛能得一心不乱，那我念石头也能得一心不乱，念佛和念石头是不是一样的呢？你说是不是一样的?！念佛心是佛，念石头心是石头，念佛你能成佛，念石头你肯定成石头。为什么？

我们每个心念就是波动，这个波发射出去，你的心和阿弥陀佛的果地觉——阿弥陀佛成就了佛果的清净庄严——就相应了。他的无量光明和无量智慧，就像一个电报密码，跟"阿弥陀佛"四个字是贯通的。就像我们要打阿弥陀佛的手机，号码就是"阿弥陀佛"这四个字，一拨呢，阿弥陀佛的电话就接通了，你的整个生命就跟他连成一片。无尽法界的所有关系，其实就是这个关系。所以，佛法为什么教你要修慈悲心，当你对众生有慈悲心的时候，你把慈悲的这个号码打出去，整个宇宙法界慈悲的内容就向你靠近。如果你心里想到的是佛陀的慈悲、菩萨的慈悲，或者更具体一点，是观世音菩萨的慈悲，观世音菩萨慈悲的电话就接通了。

从心而觅　感无不通

我们现在拿的这个手机很麻烦，还要充电，以后科学发展了，不需要充电的，也不要拿个东西了。非常奇怪哟，不要拿东西，用脑子直接想。你想坐车就想一个车，坐在上面，车就开走了。西方极乐世界就是这样高科技，它是全方位的，我们今后的科技也会发展到这样。现在隐形的东西很多，像电子感应门，五十年前，谁能知道这个感应门？我想进门，门会自动打开；我走了，它会自动关起来，那么人性化。所以宇宙很奇怪，就是当我们的心，和什么东西要相应时候，宇宙法界就打通了这个渠道。宇宙法界无穷无尽，你的内心和生命，跟什么内容相联系，你的生命趣向就指向哪里。诸位来到这里，是因为你的心中想到师父，想到安福寺，结果你的法界就把你送到这里来。

你现在想干什么，就会向你的法界发送相关的信号。人们常说：可怜之人，必有可恨之处。一点没错。因为是你自己的信号不停地感召到这些可恨的东西，结果感来感去，你变得很可怜。如果你内心是很强大的，你感应到的是慈悲、是智慧，就算当下死掉，都死得很安详，不会可怜。死都不可怜，还有什么可怜的呢？病也不可怜，你生病的时候，也可以很慈悲，病得很安详。当你的心念着佛号的时候，实际上是跟阿弥陀佛的这个密码完全相应了。因此四祖说"念佛心是佛"，不仅是心跟佛相应，当你念着这句佛号的时候，你的身心世界都融入无量光和无量寿当中。

用不妄想的心念佛

这点是很厉害的。我举个简单的例子，从 1990 年到 2000

年，十年当中，我们汉地出了五尊肉身菩萨，他们基本上都是念阿弥陀佛的，其中也有禅净双修的。像九华山上禅堂的那个副当家，他也是金刚不坏体。一个出家人，还是个当家的，天天很忙，做事情忙得不得了，忙完了他就坐禅念佛。这五尊肉身菩萨有个共同点，就是平时话少，话少精神内敛真用功。还有一个就是没脾气，没有嗔恨心。贪嗔痴是毒，有毒了他这个肉身早就烂掉了。为什么能成就金刚不坏身呢？因为身心全部净化掉了，里面一点贪嗔痴的毒也没有，身上的细胞全部是清净的细胞。你看那个没有打过农药的蔬菜，放在那里它不会烂，时间久了，慢慢变干了，干了也不会烂。而有毒的蔬菜放在那里很快就烂掉了。我们有些人身体里面有毒，人还没死，五脏六腑先烂掉，结果就病死了。

　　所以，当你要真心念这句佛号的时候，注意道信大师说的——"念佛心是佛，妄念是凡夫"。大师告诉我们，要在不妄想的状态下念这句佛号。如果打着妄想，"口念弥陀心散乱，喊破喉咙也枉然"。因为你念阿弥陀佛，像"小和尚念经，有口无心"一样。我们小和尚念经，在那里打瞌睡了，有口无心，妄想纷飞，心就不能跟佛相应。如果你想让自己的心跟佛相应，用功的时候就先告诉自己：不妄想。确定了——我现在不妄想了，天塌下来我不管了。好，阿弥陀佛、阿弥陀佛、阿弥陀佛地在心里念。阿弥陀佛念完以后，可以停一会儿不要妄想……妄想太辛苦了，不妄想，不是挺好的么！再继续阿弥陀佛、阿弥陀佛、阿弥陀佛……这个时候，没妄想的心是没有相的。我们想不想知道阿弥陀佛的心是什么样呢？念佛心是佛。没有妄想地念阿弥陀佛的时候，你看清楚了——这就是佛的心。

我们不要小看啊，一个肉体之躯，死了居然不会腐烂，这不是很神奇吗？其实，仅从科学的角度就能破译这个神奇。有一位人体科学家，跑到香河老太太那里实地考察，结果说离老人身体一米以内没有细菌，太厉害了！一米以内哟，我们的身体里面不知道有多少细菌呢，更别说一米以内了。那些细菌其实都是被她超度了，她身体里没有毒，心里没有毒。人说美女蛇心，就是说你的心里如果有毒，表面再华丽也是没有用的。里面都烂掉了，生命的核心是烂的，生命的趣向还会好到哪里去吗？

念头的力量

香河的这位老人，生前不会生气。村子里面如果有小孩子发烧、晚上睡不好觉的，大人就会抱孩子过来，跟老人睡上一个晚上，回去就好了，不用吃药，也不用打针了。后来才知道，她一米以内是没有细菌的，等于是把孩子放到了真空的地方。细菌都被她超度了，可能那些细菌也很幸福，得到了超度。不像我们用抗生素去灭，那些个细菌气得要命，还会冤冤相报的。学习了佛法就能够明白这个道理，凡夫是不明白的，他不知道所谓的毒，是由我们的心念发出来的。所以，当你念佛的时候，可以肯定地说，脑子里面所有能想到的念头，祖宗十八代也好，想妈妈、想爸爸、想哥哥、想妹妹，还是想你的爱人、想你的儿子，都没有想佛这么圆满！因为佛具有的无量光、无量寿的功德，是用这句佛号来表达的。其他的所有想法，刚才说念石头就变石头，你一念孙子到时候就变孙子哦。有些奶奶去世了，她很想念孙子，结果一转世，去找孙子谈恋爱去了，这就麻烦了。

轮回是很恐怖的，情感是会感召的。你不要说，就是一个念头嘛，有什么关系？缘不具足的时候，那个念头是没有关系的，一旦缘具足了，那个念头就是你这一生。你想要那个人，你爱那个人，你以为仅仅这一生跟他在一起混？如果他在地狱里面，你会跟他一起下的。所以念头产生的力量，是未来整个生命的展现；其实，当下就已经展现，只是我们凡夫有眼无珠罢了。凡夫怕果不怕因，你当下生起来的这个念头就是因。

无边众生如何度？

所以道信大师告诉我们：要念佛，让心是佛；不要妄念，妄念是凡夫。这个时候，修念佛三昧就开始有机会了。你只有念着阿弥陀佛、阿弥陀佛、阿弥陀佛，让这些妄念没有机会进来。如果有了妄念怎么办？一旦觉照到了，马上就看住自己，妄念都是相，相来相往不理它就是了。为什么叫客尘烦恼？相就是客人嘛，它要来就来，要走就走，你的注意力在佛号上，在阿弥陀佛上。

天台宗的祖师慧思大师讲过一句话：当你的心与法相应，与佛相应的时候，举足下足皆度无边众生。这个话厉害了，不要以为度众生，是在那里做很多事情，忙忙碌碌，然后还要去讲经说法，不要以为带着毗卢帽在那里放着焰口才是度众生，不一定啊！什么样才是度众生呢？实话同你说，身心清净，你走路都在度众生，而且还不是度一个众生，而是在度无边众生。

这是什么道理呢？就是当你的心安住在正念，你走的每一步都是正法，你在念着佛号，内心没有妄想，阿弥陀佛、阿弥陀佛、阿弥陀佛。诸位现在尝试一下：把注意力看住自己的心，阿弥陀佛、阿弥陀佛，你看你的心，此时到底是什么模样的呀？阿弥陀佛、阿弥陀佛、阿弥陀佛，这个心好像非青黄赤白，非长短方圆，没有形象啊！你说什么都没有，阿弥陀佛、阿弥陀佛，却念得很清楚，这个就是佛的心。你如果明白佛的心，就会知道，念佛时用的这个心，彰显的就是阿弥陀佛。如果你念着别的东西，这个心就会呈现别的东西。这不就是十法界在圣人不增加，在凡夫不减少，能上天堂，也能下地狱的心的本来面目么？

阿弥陀佛、阿弥陀佛、阿弥陀佛，它没有形象，没有东西，却又能很清楚……我们看到有人在那里念佛，没有感觉，擦肩而过，别人有没有打妄想他也不知道，只要你不开口，别人谁都不知道。但是那些鬼神和无形的众生，有些有天眼通的，有些有神通的，一个人在那里生气，他看得很清楚。如果你不打妄想地念着阿弥陀佛，他居然看不到你在干什么。为什么呢？因为你专注地念阿弥陀佛，没有妄想，脑子里没有相出来。如果想"阿弥陀佛"那几个字，那几个字出来了，他们就能看见，因为有了"阿弥陀佛"这几个字的相。你心里默念着阿弥陀佛，没有形相，有他心通的也看不见。那些鬼神就奇怪了：咦，明明看见你的身体在这里走路，一步一步地走，这个人怎么没有心呢？他找不到你的心。三界以内他都能看到，唯独这个人奇怪，仅仅是身体在这里，其他什么都没有了。他就知道心是没有相的，鬼神看见一个无相的心，看见佛菩萨，有缘见到了以后，马上就得到超度。如果他心里有仇恨、有纠结，他一看，噢，心里面可以什么都没有的，他很开心，马上就化解掉了。所以慧思大师说：举足下足皆度无边众生。

　　还有一些有阴阳眼的人，看到出家人走路，或者在车站、飞机场候车候机时，手里拿个念珠在那里念阿弥陀佛，他也不知道在念什么。但是那些鬼如果来到正在用功的出家人身旁，很快就坐着莲花飞走了，被超度了。不是说坐禅念佛，或者供养我红包才给你超度，出家人是用同体的慈悲心超度众生。当然居士也可以，如果你功力够的话。功力够的意思，是说你对世俗的五欲六尘不再贪着了，你的心无染了。这个时候，那些鬼神护法神看起来非常开心，它如果有痛苦，看见你很快就得到了超度。

念佛心是佛

念佛心是佛，从物理学、生理学，从佛法讲的心念上来说，都是跟佛相应的。道信大师告诉我们，要用不妄想的心去念佛，因为一念妄想就是凡夫了。我们平常都是在妄想中过活，妄想太多了。所以，大家每天最好有一个小时的时间专门来用功，或者听法，或者上早晚功课。其实，像《楞严咒》《大悲咒》等都是很殊胜的，好就好在，你不知道是啥意思，所以念的时候没法打妄想，最多想一下念到第几回了，念到哪一句了。《心经》为什么到最后是"揭谛揭谛，波罗揭谛，波罗僧揭谛，菩提萨婆诃"？你说萨婆诃是啥意思呢？专注在念的时候，心里的相和妄想都会没有的。我们在上早晚功课的时候，大家如果很专注地在念，你都能看见每个人的心，绝对是清净的。绝对清净的时候，我们周边的磁场，也就是我们这个道场会特别清净，一尘不染。如果你在那里打瞌睡，心力不集中，东看一下、西看一下，这就是在打妄想，心就乱了。而且心一乱，有时会打一些不好的妄想，愁眉苦脸的。我们的心，最好的念头就是跟阿弥陀佛相应，比起其他的念头，生命的景象完全是不一样的。

所以我们这里的公众规约，不允许打游戏。游戏打打杀杀、偷菜，全是小偷狡猾的心态。虽然在现实生活当中，没有多少功名利禄可贪着了，在虚拟的世界里面，却还有那些功名利禄的贪着，说不定还有升级呢！很多小孩子为什么喜欢打游戏？因为他在现实生活当中没什么可成就的，但在游戏里他有成就感。那些成就很危险，说不定就成就他成为一个小偷。有个人他打游戏，打、打、打，有一个人老是打不死，所以懊恼自己无能，游戏的本事不够。回到生活当中，有一次走路，见前面有个四十岁左右的妇女，他拎起根木棍跟在后面，走、走、走，抽冷子一棍子打下去，把人给打死了。公安人员问他：你为什么要打死这个人？他说：我打游戏怎么打也打不死，这个人好打。不可理喻啊！所以玩游戏有罪，因为他的心和生命，是一种迷失的状态，完全迷失。身心散发出来的，都是一些负面的东西。所以，"念佛心是佛，妄念是凡夫"，这句话大家一定要牢牢记住！道信大师说"入道安心"，入道还要安心，念佛是一个最好的办法。

守一，入道的方便法门

第二个办法呢？叫专注一境，专注在一个境上。什么境呢？就是守一，守住一，守一不二，说白了就是不打妄想。万法归一，这是第一步，先把万法归到一上面来。不二法门，有分别就有二，对的错的、是的非的、你的我的，不二就没有这些，先守住这个。守住了之后呢？万法归一。一归何处？其实一也不立，因为立一个一，那个一就是无明，我们就是在这个一上面迷失的。不在一上面，我们还迷失不了，但这个一呢？

道家说，一就是有。有从哪里来？有从无来。那归到无是不是就好呢？回到无，他抓住这个无不放了，认为这个无就是真理，其实这个无就是无明啊！你以为你抓住的就是真理，其实那个无就是一个一了，还有一个无在那里。所以中观讲空，空是空你的所有，不是有一个空，这话你要听懂哦。佛法讲空，不是有一个空，像眼前的虚空一样有一个空，把自己装在那个空里面。空是空你的所有——有有、有无、有空，什么都有，把这个有全部空掉，空掉、空掉，空到最后呢，连空也空掉。空也空掉其实就不空了，就是你不打妄想。那这个时候，他用守一作为一个方法，守一守到极致，连一也不住。这个也是四祖入道的一个安心法门。

后来宋朝大慧宗杲禅师的参话头，可以从道信大师的守一思想中看到端倪。不过，达摩祖师来到中国告诉我们的禅修方法，虽然有直指给二祖慧可，但他写了个《二入四行论》，哪二入呢？就是理入和行入。理入，就是要藉教悟宗，通过教理的学习，把道理听懂了，知道这个心是无相的，一切相皆不可得、不可执着。你就直观自心，看自己心里面有没有相，看不到什么相了。就像念阿弥陀佛、阿弥陀佛、阿弥陀佛，看自己没妄想时，相在哪里？什么相都没有。以教理为指导，让自己的身心处在无相的状态。达摩祖师说："外息诸缘，内心无喘；心如墙壁，方可入道。"道信大师告诉我们的守一能入道，其实也是一个道：外不随境转，内不被念牵。在这里守住。这个守一跟后面参禅的参究，有异曲同工之妙。但守一我们不要以为一就是道了，守到连一也不住了，一也要透过去，才是真正的悟道。四祖把这个叫作入道的方便法门。

对我们来说，如果你不喜欢啰里啰嗦的，喜欢参禅打坐，可以守一。但至少是中上等根机的人才可以，因为守一要自己直接悟道修行成就。如果你觉得可能还达不到中上根机，或许还是个中下根，没准还是个下下根，怎么办呢？念佛。因为念佛是三根普被，什么人都行。不就是念阿弥陀佛么，太简单了！叫你想什么你想不到，叫你别去想不是很容易吗？让你考试你考不好，让你交白卷你还不会交吗？不让你妄想，就是交白卷啊！就是让你的脑子空空的，这个时候，阿弥陀佛、阿弥陀佛、阿弥陀佛……我们看很多念佛得大受用的，有些人看上去，真是傻傻的，他不计较、不出人头地，也不去争，也不去夺，老老实实地把这句佛号浑然不觉地、夜以继日地念起来。其实我们很需要这样！教理上有机会可以多听法，功夫上绝对不要等坐在这里了，才装模作样地念一下佛。即便装模作样也装不好，还要打瞌睡。要靠平时真正地下点功夫，要对我们自己这个轮回的生命——这一期的生命负责！我们还要发愿：对我们这个人类，至少对我们面临的现实社会负责，有机会要帮助众生，对众生负责，对所有的法界有情负责！

这句佛号有空就念，单提一句佛号，其他无谓的妄想，确实没有任何意义。做事情需要动脑筋没办法，开车肯定要集中注意力没办法。其实，你如果真的一句佛号念起来，清清楚楚，你试试看，开车绝对不会犯规。我经常跟他们说，如果你脑子清清楚楚，没有妄想，你走路闯了红灯都绝对不会出问题。为什么呢？因为你脑子里没有想法，你走起路来会非常安详，不会一惊一乍的。一惊一乍地走路，人家以为你走，你不走，人家车就撞过来了。但如果你心里真的没有妄想呢，你看见红灯就会停下来，看见绿灯就会继续走，奇怪么？一点不奇怪，这叫暗合道妙嘛！真如法用功的时候，你做任何事情，哪怕动作慢一点，做起来都很殊胜，会恰到好处，不需要我们过多地去妄想、去担忧。因此，道信大师的这个禅修方法很实用，我们是可以直接在修行中应用的。

阿弥陀佛！

> 一行，就是无所行无所不行，没有行，也没有不行。
> 它用功的下手处就是不分别！你如果会用功，就是这样——

第十二讲　一行三昧的用功处

凡夫日用而不知

上一次跟大家讲过道信大师的《入道安心要方便法门》，特别讲到大师告诉我们的"念佛心是佛，妄念是凡夫"。大家回光返照一下自己：在一天当中，我们有多少时间在念佛？今天是开春后的第一堂课，过年的时候大家都行色匆匆、迎来送往，很快就忘记了自己是一个修道人。但是，真正的修道人是不分时间的，尤其是在腊月三十和过年的时候，会更加提起警觉。我们拿天来计算，一百年有三万六千多天，但如果拿年来计算，一生中也就没有多少年了，大部分的时间都已经被浪费掉了。我们在座的发苍苍、齿摇摇，眼睛花了，思维也迟钝了。人生半百，黄土过腰，剩下来还有多少时间呢？在这剩下来的时间中，你有多少时间会在用功的状态上呢？从生起菩提心的角度观察自己的一天，从早到晚，我们有多少的时间能够提起正念来念佛？除了念佛之外，所有的想法都是凡夫的颠倒啊！

"念佛心是佛，妄念是凡夫"，这是道信大师修行的要诀。你随便举一个念头，只要你是妄念，就是凡夫念，不管你有一千个理由、一万个理由，不管你听懂了多少的教理，能够圆融地观照什么，除了念佛之外，全部都是凡夫的妄想分别。当然，念佛有实相念佛、观想念佛、观像念佛、持名念佛。持名念佛固然是最明确的念佛法门，但是观想念佛也同样是念佛。比如我们见到佛像，知道自己拜下去是在拜这个佛，这个时候你的心就是佛的心。有人会说，很多人每天在痛苦中也会拜佛呀！凡夫是日用而不知，当你跟佛菩萨接上信号的时候，你的身心所呈现的就是佛菩萨的样子。你看看腊月三十那些在佛前准备烧头香的人，那个香举在手上，等十二点一到，打火机"噼"一声打开，将香点燃。你如果给他拍张照片，每个人的脸上都充满了慈悲、欢喜和虔诚，他自己可能都没有感觉到，这在平时是看不到的。其实，那就是我们的佛心。

什么是心中有佛？

佛心不是离我们很遥远。当你内心想到的无论是佛像，还是佛法，是佛指导我怎么去做，还是佛需要我去做，都是佛心的展现。比如说：佛陀这么慈悲地教导我们，作为佛弟子，已经得到了佛陀的恩赐。所谓恩赐就是，佛陀对宇宙人生的看法，能够流传至今，我们听了以后改变了，借助佛陀的眼睛来看这个世界。那么，我们能不能把佛陀的教法再弘传下去？你如果在佛法中有了受用，却不想把佛法弘传下去，那就是愧对良心。佛法这么好，一定要弘扬给更多需要佛法的众生。所以，当你想到要去弘扬佛法，要去为众生跟佛菩萨结缘的时候，也是在念佛。这里面非常奥妙，不关乎你做什么事。嘴巴念着阿弥陀佛，脑子里想的是世间法，你的心、那个念，不是在念佛。念佛用汉字的智慧语言来说，念就是今心。过去心不可得，未来心不可得，现在这个心它是佛，这就意味着当你想到弘法、想到佛法的殊胜、想到佛法的教导，当下去实践，这个时候你的心中有佛。心中有佛，你当下所做的一定是没有任何差错的。

差错在哪里呢？差错是背后强大的我见和自私之心。比如说，我是佛弟子，我给你推广佛法的时候，就希望你加入我这个团队，把这个团队壮大起来，把佛弟子的团队壮大起来，这不是佛弟子。佛弟子是希望众生成佛，不是希望我这个团队壮大起来。有很多社会团体，为了自己团队的壮大，采取各种不法手段，不惜去诽谤别人。作为一个修行人，不管采取什么方式，包括我们做佛事、接受居士供养，如果你想到的是钱，想到的是别人对你的恭敬，想到的是你个人或团体的名气，这通通都不是念佛。当你心里想到的、感受到的是佛法的时候，你的表情、身上所散发出来的气息完全是舒展的，没有任何的对立，也没有任何的隔阂和狭隘。除了心中有佛以外，我们凡夫首先就是有自己，然后再是家人、小团体、大团体，这些都是凡夫的我执我见。所以，这个念佛心是佛，不只是念佛的名号，更重要的是你心中有佛。如果你在当下感受到心中有佛，这个时候，就是道信大师的用功窍诀之处。

窍诀，就是最让人受用的这一点。大家在听课的时候，心里很清楚，所听所感受到的是佛的法，不是达摩祖师的法，也不是人天的法。如果是这样去看，你当下所呈现出来的心态，跟佛的心态是一样的。因为我们凡夫固执己见，虽然暂时能够一心念佛，呈现出的身心跟佛的身心一样健康，可还是没有办法相信自己。就好像一个大富长者的孩子流浪在外，长者把他带回家中，告诉他这就是他的家呀！但他无法相信，以为是长者搞错了，自己碰到了疯子才被带到这里来。

念佛心是佛心

心中有佛才能与佛相应。很多人总想把空余时间填得满满的，特别是刚出家的，或者是刚学佛的，把自己的时间挤得满满的，自己觉得心里踏实，仿佛没有时间去打妄想，没有时间去做坏事了。但实际上，佛法的修学恰恰不是让时间填得满满的就好。你真正在用功的时候，心中背诵的、记忆的、想到的，如果跟佛相应了，那就是好。如果什么事情都没有，你就最容易、最简单地跟佛菩萨相应。跟其他的一切世间法相应，全是凡夫的串习。有时候，你会为一群人或者为一家人着急，觉得这个地方道风好，那个地方道风不好，起这些分别心；或者觉得自己这样做不对，那样做才对。这些种种的想法，其实很明显地说明，你的心中没有佛；如果当下心中有佛，自然就会知道该怎么办。这很奇妙，大家可以尝试一下。比如说你在吃饭的时候，心中念念就是佛，你会很习惯、很正常地把饭吃得很安详、很自在。扫地也一样，洗厕所也一样，不需要选择其他的任何事情，其他的通通可以随缘湮没。

道信大师把念佛作为禅的要点，就是在当下念佛的这一念心，我们的心所呈现出来的就是佛的心。念佛心是佛的心，需要我们用心去体会，慢慢去认证；你不用自己的身心去认证，你就不在修行的道上。当你心里念着阿弥陀佛，或者念着释迦牟尼佛，感受到那个佛已经成佛了，三身圆满、万德具足。你在念佛时，不需要有其他的想法：阿弥陀佛在极乐世界，阿弥陀佛是不是来接引我？阿弥陀佛是不是无量光，是不是无量寿？不需要这些想法。只需要你想着阿弥陀佛——心中那个佛的感觉，心是跟佛相应的，好像佛号是一束光，你的心被这束光照到了。因为你有念这句佛号，或者没有念这句佛号，你坐在那里，问你想什么？你知道在想阿弥陀佛，但是没有念出来，也没有声音，也没有语言，也没有文字，也没有图像，也没有想到阿弥陀佛长什么模样。但是你坐在那里就知道，你内心牵挂着的那个，就是阿弥陀佛。这个时候，阿弥陀佛的光已经照耀在你的生命中，而你此时的心，跟佛的心是一模一样的。

摘下轮回的面具

我们大家平常的这颗心，总是抓来抓去的，永远都是在固执地妄想分别。你如果用功，看看别人就知道了，为了一句话就在那里争执。我有时想：不修行的人为名为利，为杀父之仇、夺妻之恨咬牙切齿，君子报仇十年不晚。但是修行的人呢？往往也会为一句半句话，争个脸红耳赤，气不过还拍桌子。什么道理呢？就是凡夫总是要去执着一个东西，当天大的事情不能争的时候，就争芝麻大的事情。有时候在道场里修行感觉怪怪的：道风这么好，大家都在修行，为什么可以为了一句话，为了一片纸屑发生争执，严重的还会大打出手？我以前在其他地方见过这样的修行人，那个脾气发起来，一点道理都没有，其实是内心的种子在翻腾出来。我们凡夫就是不停地被这些种子驱使着，在轮回的路上生生不息。如果当下能够一念回光返照——想到佛，所有的妄想全部当下停止。这个用功要点，不在别的地方，不在别的时间，不在别的空间，就在你当下——念佛心是佛，妄念就是凡夫，没得商量！一边打妄想，是非人我、羡慕嫉妒恨，一边又想用修行来提高和净化自己，一个不能少，那个愿望恐怕早已落空。

　　道信大师之所以成为禅宗的四祖，他的"念佛心是佛，妄念是凡夫"，就是修道的经验总结。禅宗往往一言半句就能够让你终身受用，雪山童子为求半偈而舍全身，就是他听到一个阿修罗在那里念："诸行无常，是生灭法。"他一听这个法好，明摆着眼前一切行为变化的东西，都是无常的，都是生灭的。我们听多了佛法，觉得这句话已经很熟悉了，其实就这一句话，你用这个眼光来观察世界，一眼就看透了。世界的万事万物，身体的所有细胞，你思想的每一个念头出来，通通都是诸行无常，是生灭法。一句话就把你轮回的面具摘下来了，你心中所有的仇恨、计较、执着、牵挂，想要这样，想要那样，包括你那个美梦，通通都不是那么回事，都是生灭法。但是知道生灭法有什么用？这个世界是生灭法你也知道，但知道了依然还在生灭，有什么用呢？

　　怎么办？所以他就问人家说：那你，还有吗？阿修罗说：还有后面半句没告诉你呢！那你能告诉我吗？阿修罗说：可以，不过我现在肚子很饿了，我要吃人！雪山童子说：行，你只要把法讲给我，我就给你吃。阿修罗就把后面半句再说给他，说完后就把他吃掉了，所以是舍全身而求半偈。后面半句呢？大家现在不用听，用自己智慧的眼光来观察一下"诸行无常，是生灭法"，你就翻江倒海、上天入地，把六道一切生灭法全部一包打起来——通通都是"诸行无常，是生灭法"，无一例外。怎么办呢？"生灭灭已，寂灭为乐！"这个生生灭灭的现象是缘起的，通通没有自己的属性，所以生灭本身就是寂灭，看上去有生，实则无生。当从中体会到寂灭，见法就能见无我，见法就能见涅槃，要从这一念心去体会。

唯有用功

我相信大家来这里都是为了修行，可是诸位在日常生活中，有没有真正像一个修道人一样？睡觉的时候提不起觉照，没有办法，醒的时候，能够作主的时候呢？能不能把"诸行无常，是生灭法"一眼看透？如果看不透，那就一直在轮回。所以，四祖的这句话非常重要，因为汉传佛教的特质是禅。但是流传千年保持佛法命脉的是净土。

这一千多年来，修净土得大成就的人大有人在。禅宗明心见性的，近代以来却是越来越少。主要原因是：你是众生，但你的心就是佛心；虽然心是佛心，但是我们所攀的缘全是生灭缘，搞砸了。如果不攀生灭的缘，攀的是佛缘，那你的心就是佛的心，这个佛心会越来越充分地呈现在你的生命中。一开始不认识，好像十字路口遇到爹娘，因为太久没见面，不敢相认。通过反复的沟通交谈，才慢慢地确认这就是我的爹娘。我们当下念阿弥陀佛的时候，心里一个妄想都没有，此时这个心就是佛的心。但是我们自我的感觉太强烈了，有我就有你，有我就有他，所以不敢认。不敢认了怎么办呢？就得用功，反复熟悉、反复熟悉，到最后才知道原来当下有念无念、情与无情同圆种智。

　　五祖弘忍大师，善根非常深厚，七岁就遇到道信大师，十三岁出家。弘忍大师据说也是修行有大成就者转世再来的。他年仅七岁时，道信大师在路上遇到他问："小朋友，你姓什么？"他说"无姓"，暗喻佛法讲的一切万法性本空寂。大师问他："你没有姓名吗？"他说"姓空"，性本来是空的。哇，这个小孩子不得了，一开口就讲出祖师的话来。后来赶紧派人到他家里去，跟他家里化缘，说这个小孩子现在才七岁，要是让他出家，二十年以后就能大弘佛法于天下。四祖也是很厉害，看到七岁的五祖绝非寻常之辈啊！日后的弘忍大师，他的修学弘法体系，就是依据四祖道信大师的修学体系，乃至初祖从印度传过来的《楞伽经》作为印心的法要。同时，五祖大师自己修行的方法就是《文殊问般若经》的精髓。

凡夫的生命景象

　　《文殊问般若经》的精髓就是念佛一行三昧。一行三昧，也叫念佛三昧，一行三昧的范围更广一点。什么一行呢？无所有行。我们的心总是"扑通、扑通"的，一会儿往好的地方去，一会儿往坏的地方去，有时高兴，有时难受，有时无记，有时明了，有时睡着了，有时又很清醒。总之，大家看那个心电图就知道了：总是上上下下，没有一条线是平的，如果平了就死掉了。我们的心就是总也死不掉，那个心电图会全程记录表现出来。当我们这个心不安的时候，向上走是满足了你的贪欲，或者说你善良、快乐、正面的情绪，是往上走的；当你嗔恨，不喜欢的、讨厌的、负面的低落情绪，是往下走的。这颗心好像总是反复无常，一天有高兴的时候，有难受的时候，一个月下来，好像也有几天难受，几天舒服。一年呢，好像也有几天难受，几天快乐。如果看看一辈子呢？好像也有一段时间比较快乐，有某一段时间比较低谷，永远都是一个心电图的扩大和微缩版。

扩大版就是我们的整个轮回，天堂上去，地狱下去，我们正在中间。那接下来这个心电图的波，会延伸到哪里去呢？心电图的波是波连着波，没有停止的。你做好事，那个波就往上扬，好事做多了，波峰扬到顶；做得不够呢，波峰就往下走，做得再差一点，走到低谷。它是高低不平的，就这样有时坠入畜生，有时坠入饿鬼，有时直入地狱，地狱也有深浅不同。一直就是这样，大的波峰是整个轮回，起落不平。小一点的呢，是一个人生，人生从来没有哪一个人是一帆风顺的，除非是死翘翘地躺在那里。平常的人都是起起落落的——一生起起落落，一年起起落落，再回归到所谓的最后。每一个念头都在起落、起落，连做梦的梦境都在起落，凡夫就是这样的一个生命景象。最微小的就是你最广大的，六道轮回，乃至诸佛菩萨度一切众生，都在起起落落，这是生命的基本现象。我们凡夫在这样一个妄想的生命状态里面，永远在起落，波动无常——心情波动、情绪波动，就像波浪一样，后浪推前浪，一直没有停止过。

什么是一行三昧？

　　五祖所修的是什么法门呢？叫一行三昧。三昧叫正定，正定就是不受一切受，所有的感受都不要。更准确地说，不仅是不受一切受，还要不想一切想，不行一切行，不识一切识，色、受、想、行、识五蕴没有一蕴能将其盖住，全部打开了，这才叫真正的三昧。那么一行三昧呢？它是代表我们行住坐卧的四种威仪，因为行是第一个，所以叫一行三昧，也可叫一住三昧、一坐三昧、一卧三昧。这个一行是什么？就是所有的行住坐卧、所有的生老病死、所有的凡夫成佛，都是一样的，没有第二个。证得了这个三昧，才是真正的一行三昧。所以一行三昧又叫真如三昧——真实不虚，如如不动。凡是动的都是生灭法，因为诸行无常，是生灭法；不动的就是寂灭。

　　五祖大师依《文殊问般若经》修一行三昧，大家如果想修一行三昧，希望在自己的身心中有所受用，一定要认识到这个行的真正含义。禅宗有句话叫"平常心是道"，做到平常心真是很不容易的，平就是刚才讲的那个心电图要把它平了。这是一个什么概念呢？就是当我们不平的时候，心里的波动就很大；平了它就没有波了。定水逐波清，水定了以后，浑浊的都沉下去了，呈现出来的就是清净清明的相状。

生命的业风吹啊吹

我们大家的心，每一个妄想打起来，都是一阵业风在吹拂，不管是什么妄想。你今天跑到这里来干什么？被什么风吹过来的？就是你生命的业风，把你吹到这里来。到这里来，我们是有善根，其实也是业风——过去结的善缘，善缘也是业风。那么吹到这里来，你还要被吹到哪里去呢？大家可以看到，在时间上，从小长到大，每分每秒，只能吹往老病死的方向。不但这一生，生生世世都是如此。在空间上，无论你吹到哪里，都是被吹，都是被这个业驱使着往前走。

有些人很想找一个地方用功修行，很想找个地方闭关打坐。我觉得有这样想法的人还是有道心的人。我曾经也这么想，还付诸了行动。1990 年的时候，我就住在一个小庙，半闭关一样地念佛；1993 年的时候，干脆就跑到深山里面去住茅棚，住茅棚也不行，嫌吵。那个茅棚前面有个水库，夏天会有村民上来游泳，所以嫌它吵。坐在那里，风吹来，树动起来。有的时候打坐，鸟会过来叫个不停，有些鸟还傻傻地钻那个玻璃，还是嫌它吵。人要不满意外界，什么都可以让你厌烦、嫌弃。那个流水的声音太响会觉得吵，下雨天雨声都会嫌它吵得慌，这个世界哪里有安静的地方呢？

有一天，我跟一个师父，两个人带着好多干粮和行李，要到更深的山里面去。听说那个山里面有个洞，很深的一个山洞，过去曾有人在那里修道。我们就打算到那个地方，彻底与世隔绝。到了那个洞里，外面的声音真的一下子全听不到了，特别地安静。但是坐下来的时候，突然觉得，这个世界怎么跟外面的世界完全不一样呢？真的什么声音都没有。在那个洞里，一个人住在那里，噢，外面的声音是全没有了，里面的声音却全都冒出来了——父母的声音、兄弟姐妹的声音、朋友的声音，该有的声音应有尽有，不是幻听。打坐念佛念得心静下来，心越静，里面越翻江倒海。你看见外面的世界有多可怕，你内心里面就有多可怕。所以，你不要自我感觉良好：哎呀，我比某某人好，我这个比他好，那个比他好。其实一点都没有比人家好。你看到这个世界所有人的毛病、所有人的习气，都是在你的内心，不多不少刚刚好，只是那个业风还没有吹到，还没有像他们那样表现出来。那个业风一吹到，你的表现跟他们一模一样。所以那个时候，我觉得里面的声音太强大了，曾经想放弃、想逃跑，但我想，再逃跑已经没地方去了。外面的世界你可以逃跑，里面的世界你无路可逃，只能勇敢地去面对。

真正的勇士

那个时候我才知道，修行人才是真正的勇士！这个世界没有谁是勇士，只有真正的修行人，他能对自己所有的心念、所有的脾气、所有的毛病下手，而且很狠。怎么办呢？你只有一心修法，除此没有第二法。念佛就一心念佛，参禅就把话头提起来，只有这一个方法，可以把你内心的所有敌人打败，把所有的是非颠到放下。你内心的分别不放下，就算逃到天边也没有用。佛经里面有个故事：有四个神通广大的人，听说寿命无常快要来了，就四处躲。有一个跑到空中，无常来了，死掉了；有一个跑到大山里面的石头里躲起来，无常一到，照样死掉；有一个跑到深山里，用泥土把自己埋得很深，也一样死掉；有一个钻到水里面去，也在劫难逃。无常来的时候，外在世界的变化就是你内心世界的变化。所以，你内心的每一个念头的变化，你不把它看透，不把它超越，总是说这个道场不行，这个人修行不行，那个人不帮助我，全部是在给自己的妄想颠倒轮回找借口。那不是个真修道人，没有勇气面对自己，只会向别人发牢骚。

所以，当面对自己的时候才知道，真正的弱者就是自己。我们之所以在受苦，是因为我们太脆弱。我们是生命的弱者，有时候，别人半句话，就能让你痛苦好几天，你说弱不弱？不只是脆弱，是弱智；智慧没有，生命很脆弱，就弱智啊！这样的弱智，想让自己的生命获得自由，没有勇气啊！所有脆弱的人都没有勇气，只有真正发起菩提心，知道一切众生都能成佛，对自己的生命有绝对的信心，然后向自己下手。能够把自己心中所有的是非分别赶跑了，这才是真正的勇士！

把心中所有的矛盾纠结通通化解掉，不需要依赖外界的任何东西，不需要依赖自己的任何思想。哪怕你把三藏十二部经典全部倒背如流，但在内心中不能把妄想颠倒扫除干净，通通都是无明业习！能说善道有什么用？生死面前都是一样，被无常的铁链锁了去。所以，这个一行三昧直截了当：一行，是无所行。心住一法，住在一个法上面，你就不行了。有住一个法，法是生灭无常的，就是住在一个妄境——妄想的境界上；住在一个妄境，念念都是妄想颠倒。

一行三昧的用功处

那么，一行三昧简单的下手用功处，还是可以通过念佛来引导的。所以念佛三昧有时也叫一行三昧——事一行，理一行。事一行只想佛，不想别的；理一行，也可以说是实相念佛，或者叫真如三昧。只有如如不动的、真实不虚的才可以安住，才可以行，其他的都不行。其他的都是六根随六尘，在那里互相勾结、互相矛盾、互相猜测、互相搅乱。

我们整个身心不是被别人搅乱的，也不是被环境搅乱的，也不是被过去的业力搅乱的，全是被自己这一念妄想心搅乱的。当下这一念妄想心如果停息了，过去所有的业力，都拿你没办法，一点办法都没有。你还有一个东西在，这个东西就会被人抓住把柄；东西没有了，心中了无一尘，这个时候，你没有把柄了，整个生命都没有把柄了。不要说无常锁不住你，释迦老子也锁不住你，因为我们的心本来就像虚空一样。所以禅宗一定要直指我们，让我们直截了当地去体悟，没有变化的这个是什么，叫父母未生前的本来面目。

　　当然，四祖、五祖的时候还没有参话头，而是直接问：你叫什么名字？回答：无姓。无姓就是说没有性，暗喻空性、无我性，没有属于我的东西，也没有属于心的东西，也没有属于佛的东西。南泉祖师也曾说法，叫悟道的不是心、不是佛、不是物，是什么？心也不是，佛也不是，物也不是，这不是东西，说是一物即不中，任何思维分别你执着在上面了，通通都不中。不着一切法，这个时候，你如果走路，你就不着一切法的走，该左脚、该右脚，很自然。自然不自然不需要管，该怎么走就怎么走。就像大家坐在这里，所有的妄想分别通通打掉，简直不是人，简直不是东西，这个时候其实是最正常的。所有的是非烦恼没办法来，因为没有缘，缘已经被粉碎了。当你的心没有任何想法的时候，没有任何东西想抓住的时候，没有任何依赖的时候，没有任何粘着的时候，这个心本来就是空灵剔透的，甚至不需要说这是心，什么脑子都不需要动，这个时候所表现出来的，就是最正常的状态。

　　你会用功的话，这样听课你受用了，那你可以尝试着：起来、走路、躺下去睡觉，行住坐卧四威仪中，没有任何一个法能够干扰你，不需要起心动念。"说法者，无法可说，是名说法。"相当于我什么话都没说，你们什么都没听，也没有分你我，不需要分，任何一粒尘埃都无法沾边儿。如果你不甘愿呢？你会在那里想：就这么简单么？你就完蛋了！说那肯定是这样子啦，又完蛋了！你想抓住一个东西，完了，不需要抓。你说那我要放手了，坏了，不需要放手。所以这个一行，它是无所行而无所不行。没有行，也没有不行，听起来好像很拗口，但事实上你如果会用功，就是这样。

就这样——没睡着也没打妄想，看上去，像木头一样傻傻的，但绝对不是木头，个个都像无相好佛。只有在这样清净的状态里，才能体会到道。其实也没有状态，但是在道场里面没有这个就是没有道。平时只要有是非，只要有烦恼，全都不是在道上了。在道上，释迦牟尼佛说了：我此世界，地平如掌，黄金为地，百福庄严，清净微妙。你们是没有福报，所以体会不到，有眼无珠看不见。我们每个人的生命本质都是一样的，跟佛完全一样。但是没有福德的人呢？他会说这个人好，那个人不好，这个我喜欢，那个我不喜欢，这个是虚伪的，那个是真实的。累不累呀？轮回就是太累了，好像一个修道的人，背上永远背着一个十字架，永远奔赴在轮回的路上，嘴里喊着圣人的口号，很可怜呐！天天念着佛经，想着慈悲、想着无我、想着解脱，你就是不解脱，也不慈悲。你的这个心，本来已经在道上，非把自己搞成非道，还觉得自己挺精进、挺努力、够本、够有善根。所以，这个一行，它用功的下手处就是不分别。

不二就是一行

"不分别"这个词，用心去体会的时候，说得最直白一点，其实就是装傻。装傻不是真傻，装傻的人是什么样呢？随便你怎么说，反正我知道，但我的内心不动，这就是装傻。不装傻的人就不行了，"师父在那里说的对不对呀？"在那里东想西想，那是真傻。这个想的东西，只要脑子一动，这个动脑的状态就是业风吹了过来，所以不是风动，不是幡动，是仁者心动。其实心动，也是业力在推着动。我们真是太可怜，竟然所有的想法全部都错掉了。无始劫以来，只要在轮回中，所有的想法全部错掉。因为所有的想法，都不是一行，都是二行、三行、五六七八行，然后在那里生生死死，说行也不行。

我们有时说别人，你这个人真二。那不二是什么？《维摩诘经》就告诉我们不二法门，不二就是一行。当不二的时候他明白，生命的本体，整个生命的根就在这里。我们说中华民族要复兴，传统文化是我们中华民族的根；传统文化里面佛法的不二法门就是我们生命的根，要找到这个根才在道上。所以，五祖的这个一行三昧，可以说从见上单刀直入，直接去认取本无自性。我们认为我要修行，我要解脱，我要度众生，我要干吗干吗，错了，就是那个我错了。要回到根本上，连我干吗的想法也没有，这个时候你就开始回归了。当下这一刹那如果能够契入，知道没有我，或者说道理已经听懂了，但是你内心并没有去观照，你可以观照一下，防止还有两样的，是二的都要把它剥离，就不二了。只要是二的，就把它否掉。比如说你开悟了，对不开悟就是二；你解脱了，对不解脱就是二；你清净了，对不清净就是二；你涅槃了，对生死就是二。

所有的语言，只要一讲出来就有对立，所以不可思议啊！

不可思议，你就在那里傻傻地不敢想了，又是二，不可思议、可思议又变成二。你要自在啊！在这个地方，首先把刻意生起来的第六意识中，那些让自己生烦恼的粗重的念头，先往旁边放一放，把注意力回光返照——照自己——把语言文字通通还给它们，这时你再来看自己：你在行的时候、住的时候、坐的时候、睡觉的时候、待人接物的时候，并没有动摇，所以静和动是不二的。就是最闹的和最乱的，你没有看见有闹有乱的人，再静下来一句话不说，一点也不想，也没有看到一个静在那里的人，没有，这叫无生。

五祖把一行三昧贯穿到底，用《金刚经》来印证六祖大师。中国禅宗早期的六大祖师，用的通通都是直指法。我们如果把直指法学会了，能够领悟一点点，当下受用，再就不要问什么了，问来问去，就越来越二。

阿弥陀佛！

> 一个真正发菩提心的人，发心想修行的人，应该是舍远就近，在离我们最近的地方用功——

第十三讲　在起心动念处下手

标月指惑人心

非常高兴又和大家一起来学习禅修中心的方法。其实，禅是没有方法的，直指人心，一切方法都是指导我们明白这个心。这些方法既指导我们明心，同时又搅乱我们明心，就好像月亮在天边，用手指指给你，但手指不是月亮。我们拿手指指月亮的时候，会告诉你：月亮在那里。手举起来，看上去好像是那么回事，很多人看到了手指，就以为是月亮了。就像我们大家听课，都觉得听懂了，其实你真的听懂了么？根本就没有懂，仅仅是看到手指在哪里了，所以说方法都是来搅乱我们的。

不看手指，说不定不小心还能看见月亮呢！听师父说没有妄想才是自性，就以为打妄想就不是自性；叫你要改恶向善、趋善从净，我们脑子里面就分别了一大堆的善恶、是非、好坏的观念。所以很多人越学越糊涂，越学越傻，越学生命越没有灵光，都是把这个指头牢牢地抓住，以为指头就是你的救命稻草。他不知道顺着指头要去看月亮，不知道佛法的一切法都是指归于我们当人的自心。把指头当知识学，学完了以后，说得头头是道，却不知道自己往哪里走。一想都能想得通，想起来觉得道理都懂，但是真的面对死亡、面对爱恨、面对各种境界的时候又不知所措了，依然故我，心灵不透脱。这样体会到的佛法和禅修，都是隔了一层障碍。就像我们禅修，大家坐好了会身心愉悦，种种观想让自己不亦乐乎，但实际上这些都是障碍，全部都是障碍。就像指头障碍了你直接看到月亮，你的眼光要是不离开这个指头，你就完蛋了，你从此再也没有解脱的机会。明白的人理解了这句话，甚至也就理解了禅宗不能执着，禅宗是不立文字的，禅宗是无相的。不管你起心动念想到的是哪一句话、哪一个字、哪一个词，你抓住了哪一点，那一点就是你致命的伤害。所以，五祖弘忍大师所谓的一相三昧，就是无相三昧。

最大的问题是散乱

一是不变的意思，叫一成不变。有相的都会变，无相的没有造作，它不会变。如果你脑子里面想，我要无相，我要无相，这就是相啊！我们每天都挖了很多的井，把自己埋进去；埋在里面就很累、很辛苦，又逃了出来；逃出来再继续挖井，挖好后又把自己埋进去。在世俗的红尘中，不停地把自己埋进去，埋了无数次。现在跑到佛门里面来，又用佛法挖了一个井，把自己埋进去。一切法本来是引导我们认识自己的，反倒越引导越不认识自己了，越引导越抓住了东西，以为非这样不可，非那样不可。有时候有一点受用，有一点悟入了，看那些不懂的人会很着急，或者被自己的各种业障、习气、情绪捆住了而浑然不知。

我们最大的问题是散乱。生命完全是一种不能把控的无序状态。尽管生命本身是非常有序的，所谓天地万物，因缘果报丝毫不爽，就连一粒微尘，都是有序地在推进。我们没有看到宇宙的规律，我们的自心就无法把控。我们在日常生活中，待人接物做事情，都是建立在物质和精神的世界上，说直接一点，就是不停地生活在妄想的世界里。妄想有足够的力量，让我们快乐，让我们痛苦，让我们莫名其妙、糊里糊涂地就这么走下去，但我们连这个妄想是怎么打起来的都不知道。我们很想了解这个世界，但是，连自己是谁都不知道，连离自己最近的情绪是怎么生起来的都不知道，是不是有点太遗憾了呢？你今天傲慢了，以为自己很厉害，明天又觉得自己不行，不知道怎么办，这些都是贪欲、嗔恨和愚痴无明这些烦恼随时在覆盖着自己。

　　能够对自己的起心动念稍微有点注意的人，都会修养很高。我们大家如果观察自己的言行举止，就可以看到对境、对人、对事物有没有像对待自己那么亲切。不去伤害别人，不去制造矛盾，不去制造隔阂，不是起心动念都在制造麻烦的事情。不想去制造的时候，又糊里糊涂的，宝贵的时间就这么浪费掉了。想不浪费又着急，着急又在那里生气。退也不是，进也不是，站在那里也不是，不知道该怎么办——生生世世都没有找到突破口，就这样把几十年的光阴一点一点地浪费掉了。

念佛一相三昧

　　听来的一些佛法，或者自己通过反复思考得出来的一些结论，都是不足挂齿的。事实上，你这一生得到的任何东西，都是微不足道——"不足以为道"的。因为道是形而上的，我们所谓的经验感受、情绪上的好坏，哪怕是觉受禅定的喜悦，通通都是形而下的，都只是些机器。有道没道，自己知道。你得到表面上一点点东西，看上去得到了，实质上什么都没有得到——浮云幻影而已。在这个表面上，我们产生了无数的观念、想法。有句话叫不作不死，你不找死就不会死。人所有的未来生命，都是自己找出来的。你不让自己神经病，你就不会神经病；你不让自己痛苦，你就不会痛苦。但是我们对自己的心念，从零冒出来的那个零却看不到。我们的念头是从哪里冒出来的？完全不知道。冒出来有相了，你才知道，而且一旦知道时，至少已经是两个以上的相了。所以，弘忍大师告诉我们的一相三昧，最直接的修法就是念佛相。

念阿弥陀佛也是一相三昧，念到能所双亡，能念的心了然空寂，所念之佛了不可得。你回光返照看自己念佛的这颗心，了然空寂——非常清楚明了——就这样，什么都没有，却是清清楚楚。所念的这个佛号——阿弥陀佛、阿弥陀佛，这个声音出来，只是嘴巴做了一个相应的动作，那个气流出来就发出这样的声音。所以，所有的声音、语言、文字都是缘起法，这中间其实连一粒灰尘都不可得，这才叫净土。所念之佛了不可得：阿弥陀佛、阿弥陀佛、阿弥陀佛，这个声音、这句话就是阿弥陀佛吗？就是你所要念的东西吗？显然不是。那个丈六金身、放着光芒、手拿莲花来接引我们的就是阿弥陀佛吗？显然也不是。心中只有佛，佛本没有相，如果有一个相，那个相一定是变化的。比如我念阿弥陀佛，念完这一句就过去了，这个声音它就在流动。当你知道能念之心了然不生，所念之佛了不可得，能所双亡，这才是进入了一相三昧。

诸位可以尝试着每天在这个地方用功：你念观世音菩萨可以，念"嗡嘛呢叭咪吽"也可以。你的注意力要么在外面，要么在里面。注意力在外面就是：阿弥陀佛、阿弥陀佛、阿弥陀佛，把所念的佛号记得很清楚；要么注意能念阿弥陀佛的这个东西，就是谁在念阿弥陀佛？阿弥陀佛、阿弥陀佛，注意力往里收。能念之心跟所念之佛，按我们平常妄想的习惯，会认为这是两个，我今天又想干吗了，我今天又打了什么样的妄想了。我们下意识地以为这是两个，所念的是外在的，能念的心是我自己，这是错觉。我们认为能念的心是我自己，这个观念就是一个错觉。我们所念的佛是了不可得的，既不是文字，也不是长相，更不是声音。那么能念之心呢？阿弥陀佛、阿弥陀佛，你感觉是我在念，那不念呢？不念也好像是我没有念。我没念，有点含糊其辞，是指的身体还是你的妄想？还是妄想背后真正有一个无始劫以来我们都认定的这个自我？禅宗要直指，首先要在这个地方立定脚跟。

天花板上的蓝天

五祖创立了东山法门，秉持禅的直指，如印高提，光照大千。所以，当时他在黄梅弘扬直指见性的禅法，据史料记载，道场有五百个人在那里参禅。每天在用功，都很难逃离第六意识妄想构造的有造作的命运。所以有句话讲"机关算尽太聪明，反误了卿卿性命"。人世间，越会算计的人越倒霉，越会算计的人越痛苦，因为算计都是第六意识在忙活。但人算不如天算，天算是第七识，人算是第六识，人怎么能算得过天呢？第六意识再算计，想快乐，想安宁，想让自己获得平静，想让自己不受烦恼束缚，只是在墙上涂了各种颜色的染料而已。涂了白色的你就以为是白天，涂了蓝色的你就以为是蓝天，其实只是天花板上的涂料而已。所以，第六意识想靠算计让自己获得安宁，获得快乐，但靠打妄想让自己安心的都不是真安心。

不管你在庙里也好，在家里也好，就算你是西方极乐世界下品往生的人，还在莲花苞里面，我执没有破，这个时候的安心，也只是天花板上面画的蓝天，并没有花开见佛悟无生。

在日常生活中，我们大家如果第六意识都控制不住，自己的思想、想法都无法控制，那这个人基本上是没救了，思想有毛病了。第六意识演化到身体、语言，更加淋漓尽致。我们身体的动作、脸上的表情、同旁人说话的态度，全是第六意识的妄想颠倒，这叫机关算尽。你越会想、越会算、越会表现，越让别人看得清清楚楚，一开口就知道你是几斤几两了。真学佛修行，是我们整个生命的提高，不是跑到佛前是个佛子，跑到人前是个人子，跑到乌龟面前就是个龟孙子。面对境界，自己是怎样一个表现？人前一套人后一套，对别人是没有关系的，关键是你自己，怎样通过第六意识来引导、表达自己的生命。当然这里面也是有次第的，你做不到仁时，就先做事，先把地扫好，把身外之事摆平，把周边的世界先打理好；如果你的身外之物都是乱七八糟的，你说你的心很清净，是不太可能的。

真正开始修行

身外之物摆平了以后，你身体的行为，是看得见的，叫人在做天在看。这个天不是外面有个什么天来看着你，主要是指我们内在的第七识，天理良心的天，天就是自然。上天有好生之德，自然万物有生生不息的规则，那我们的这个心呢？

　　所有的妄想，不需要考虑它自己就会出来，这就是自然。为什么自然会出来？因为里面有那个种子，就像在田里面撒下稻种，遇到雨水、阳光它就会长出来，没有撒稻种，它是不会长出来的。我们的妄想也是这样，它之所以能够生出来，是自然而然的事。会生气的人有生气的种子，气得饭都吃不下，生气的种子在那里。贪欲心重的是有贪欲的种子，快乐、感恩、知足，通通都是种子在那里呈现。从外界到身体，一个人只懂得在事情上做好，这仅仅是修行上的第一步；当他懂得善待自己行为的时候，他的修行又进了一步。

　　一开始我们都会选择环境，选择某某地方、什么道友、跟什么样的人相处，心都是随外境所转。当到了第二个阶段，你就会发现，你选择外境错了，不允许你选择外境。因为所有的外境都是不好不坏，都是你的因缘果报的自然呈现。你有善因就会遇到善人，有恶因就会遇到恶人，有什么种子它就开出什么花。当你不选择外境，要选择自己的行为时，那行为也是很粗的，粗得连瞎子都能看见，傻子都知道你在发脾气了，傻子都知道你是一个修养不够、对人没有包容和慈悲心的人。不管你千辛万苦一天打坐，坐了多少个小时，当你对别人沉下脸的时候，人看上去像鬼的时候，鬼都知道你跟他是一样的。所以，当我们在行为上知道要改变自己时，这还不算懂得修行。世俗的人都知道待人要礼貌、做人要规矩嘛，稍微有一点教养的人都会知道的，那还算什么修行呢？

　　真正开始修行的人，是在第六意识上开始改变了，知道每个念头生起来大有文章。如果有不良的念头在，中毒的就是自己，跟别人没有太大关系。别人能够接受你的毒，估计也是从前跟你一起吸毒的，所以你发火发到他身上，而不是发到别人身上，碰到这个枪杆子了。真正明白了这个道理，心中的念头生起来，也不用担心。好的念头就是好的种子，即便是不好的念头，也没关系，正好有机会看看自己几斤几两，也不是什么坏事。那个坏念头会很多，让我们能够知道在念头上改变自己，并不断串习成为一种习惯。

在起心动念处下手

一个真正发菩提心的人，发心想修行的人，应该是就近舍远，在离我们最近的地方——起心动念处下手。无论在时间上还是空间上，只要觉察到，你就能看到自己在打什么妄想。只要知道自己在打什么妄想，该不该改，大家心里都有数。那个妄想是对的还是错的，是好的还是坏的，自己再清楚不过了。你如果想修行，贪嗔痴生起来了，自己会生起惭愧心。一开始总是事后诸葛亮，烦恼过去了，懊恼自己错了；下一次遇到境界，照样又生气、又生烦恼、又后悔。但是你真想修行也不要紧，慢慢地总是会开始改变的。

有句话叫："学道不还乡，还乡道不香。"外来的和尚会念经。意思是离你太近了，反而不懂得珍惜，宁肯跑得远一点。所以，我们在这里，要是很辛苦地跑到几千公里以外的五台山，会显得更加虔诚。如果一个菩萨就在大门口，你反而拜下去轻飘飘的，啥感觉都没有，舍近求远是凡夫无始劫来的习气。我们还没有走上修行的正路，对于自己的习气，只要你在改善都是对的，不管你是舍近求远也好，舍远求近也罢。在做事情上改善，在说话、为人处事上改善，在和谐社会、周边的人际关系中改善，努力打造自己未来的全新世界。

　　但是你如果仅在事情上着相去做，会做得很累很辛苦。所以要能够舍远取近，就地取材，随时随处都在第六意识上去转化自己的心念。世间的很多哲学家、宗教家也都懂得这个道理。所以，所有的宗教都要劝人行善、做好事，在心念上有慈悲的心，有感恩的心，有爱这个世界的心，有恻隐之心，有仁义之心，叫仁义礼智信。

　　心态上的改变，就能够让自己对未来的生命负责，越来越好地把握未来生命的方向。所以，我们看古圣先贤的教育，他们能抓住根本，没有一个古德是把我们的生命推往深坑的。哪怕像杨朱讲过的一句话，叫作"拔一毛利天下而不为"。我们看这个人很过分呢，拔一根毛天下人都能得到利益，怎么还会不干呢？他觉得天下人自有天下人的福报，你多此一举干吗，不是在搅乱别人吗？所以你也不要吃亏，人家也不要得便宜，这才是天下最和谐的状态。从这个角度说也对，因为无论怎么利益，都只是到达妄想这个层面。所以，在世间优秀的团体里面，都很重视文化的建设，通过各种文化把人的思想境界带领到更高的层次，这就是文化——文以载道、德以化人。有文化的人内心安住在道上，身心非常融洽，春风化雨，安贫乐道。

在化性上见功夫

在现实生活当中，主要是从第六意识上下手。我们看王凤仪善人讲的化性，就是懂得在起心动念上做功夫，性格其实已经在开始化了。不懂得在这里做功夫的人，是化不掉的。比如说你修行境界很高，理解的佛法道理也很深，觉得自己挺了不起，但是仅仅是在理解的层面，觉着自己好像已经明白了，但依然不懂得怎样下手去用功，平时还是妄想颠倒。当看不惯的事情来了，脾气发起来，脖子粗起来，这个时候，第六意识的功夫就没有。如果有功夫就会知道，你那个心念是有毛病的，是要出问题的。所以，王凤仪善人就讲，说一个人有没有道，就看他的性格有没有被化，自然化入无形之中。我们同人吵架经常责怪别人说："你眼里还有没有我的存在呀？"其实，真正有道的人真是这样，时时在淡化自己存在的意识。不是别人眼里有没有你的存在，而是自己就要把自己的存在化为零。从意识上用功的人，知道贪欲的心生起来，虽然很柔和，但是很执着。贪欲的心像水；嗔恨的心像火，更加伤人；愚痴的心很呆板，没有办法跟外境完全融合。

化性是需要智慧的，当一个人的性格开始改变了，脾气变好了，甚至变得没有了，一定是得力于在心念上的用功。有个人跟我讲：师父，我每天念佛十个小时，念了十二年了，怎么还没有进步呢？一天念十个小时，念了十二年，这是什么概念啊？没有进步，我都不相信。怎么可能呢？念一句阿弥陀佛有那么大的功德，念了十二年，念到哪里去了呢？后来才发现，他的心量已经很大，以前很多看不惯、容不下的事情，通过十几年的念佛，现在没有事情能难得倒他了，碰到什么事情，一句阿弥陀佛，淡然一笑，问题就解决了。但还没有全部化解掉，就是他只求每天能完成十个小时。你念佛或者打坐，心想我就坐两个小时，坐在那里一直记挂着，快到点了吧？两个小时一到，噢，很开心，终于解放了！时间没到就在那里熬，这哪里是在用功呢？这不是在完成功课吗？这不是在还债吗？欠人家两个小时的打坐还没有完成，两个小时到了，债还完了，这哪里是化性呢？化不掉的。

真正的化性，就是要看到自己的每一个起心动念，念头的背后到底有多少固执，多少自以为是。脾气上来发起火来，那个火到底是什么东西？每一个念头都是错的。连佛都说自己的念头是错的，何况我们凡夫呢？佛在《金刚经》上讲："若人言如来有所说法，即为谤佛。"佛讲了四十九年法，却不承认有所说法，真的没讲！因为佛知道，凡是讲出来的、写出来的、脑子里面呈现出来的，都是有毛病的。所以，禅宗祖师有时候说，三藏十二部经典是拿来帮忙擦屁股的。哦，真是罪过，阿弥陀佛！三藏十二部经典这么殊胜，怎么可以这样说？！

其实这就是要告诉你，真正在用功的时候，那些文字、语言、概念、思维通通是障碍。本来手指是指引你看月亮的，结果你抓住手指就不放了，这不是障碍吗？干脆把手指砍掉算了，你就没得抓了，这是针对我们对手指的执着来说的，手指真的是太没用了。当然，肯定也会有人顺着指头就去看月亮了。所以，真学道的人，真学法的人，内无所得，外无所求；内不被念转，外不被境牵，或者说外不随境转，内不被念牵。

生命的本质没有隔阂

内在的心念把我们转得好苦，一会儿柔软，一会儿强硬，一会儿精进，一会儿懈怠，整个就是稀里糊涂。第六意识所有的一切妄想，通通都是祸根！其实是祸还不是根，根还是在它的背后——强大的自我意识。

这个自我意识很滑稽，自我本来就没有，就好像空中明明没有东西，总觉得就是有东西。就像有些人拿着照相机对着太阳照，阳光照下来，光的折射作用后，天空有一朵、一朵、一瓣、一瓣的莲花一样的东西，哇！很高兴，激动得汗都出来了。为什么呢？因为佛菩萨示现莲花给我看了，那个莲花就是功德的表现啊！前几天刚刚拜完一部《金刚经》，今天又遇到了善知识，是善知识加持的，所以才有莲花的……其实就是光的作用，跟你的什么事都没有关系。

生命是全然的融合，本身一丝一毫的隔阂都没有。但是现在呢，人与人之间的隔阂、障碍，导致无法沟通，难以理解，这样也不行，那样也不行，自己也不行。但是生命的本质是没有隔阂的，时间和空间都是错的，哪里还有什么隔阂？因为我们不知道，所以自己把自己隔阂起来。本来没有隔阂，自己觉得有隔阂，就是这么回事。自己觉得有隔阂呢，就会觉得自己被人欺负，就会觉得自己受苦，就会觉得自己会下地狱，就会觉得自己还不错，就会觉得自己有修行，能够成佛，就是把这个自己无限放大。

所以不懂得用功是很苦的。本来是用手指头告诉你月亮在那里，结果你却抓住手指头死死不放，你说可怜不可怜？白白受了很多苦！特别是我们出家人，一辈子都出家，还发愿生生世世都要出家，然后就抓住那里不放，不得法、不得其门而入。流浪在外太久了，偶尔发起一点菩提心，很快又被无始劫的业力冲淡了。如果真能看到，我们这颗妄想的心，无始劫以来让自己吃了多少苦，受了多少委屈，真是一个坏的念头都不应该有。再仔细看看念头，都是浮云幻影，其实压根就不需要理它。

知花空幻离即觉

禅宗为什么讲，中上根的人修行不在妄想上着力，要在一念未生之前去修行？因为所有的妄想就像眼前看到的空中的花一样，空中的花是空生空灭、不生不灭，根本没有的。

你看见有，实则没有。明白的人，眼睛好的人，一看就是没有，事实上就是没有。但是，当你的眼睛有毛病了，看见它就是真实的存在，一定是有，一定要把它灭掉。本来没有你灭什么呢？

第六意识的妄想，所有的妄想——好的妄想、坏的妄想、菩提心的妄想、出离心的妄想，通通都叫妄想。这一切的妄想，本质没有，也没有离开。就像空中的花，没有离开空中，那空还是空，花就是空，空就是花。你以为有一朵花在那里，空就没有了，其实，那个花就是空。什么意思呢？妄想本身本不生灭，第六意识、第七意识，都没有离开真心。真心没有形象，意识有形象，意根也有形象。

意根是什么形象？恒审思量，总是感觉有个东西在背后照着自己。所以，我们这一生太可怜，你逃脱得了别人的视线，却永远逃脱不了自己的眼睛。天下人都可以瞒得过，唯独瞒不过自己。每做一件事情，那个妄想稍微动一下，背后就像有灯罩一样在罩着自己，而且是与生俱来的。生，它罩着你，赤身裸体地来；死，它也罩着你，赤身裸体地走。恒审思量——一直在照着你。

所以，在一念未生前功夫没有做到的，或者不知道在这个地方用功的，按佛法说的，都还不算是修行人，而只是一个准备修行的人——不是修行人，但是在做准备。把人做好，把事做好，把福德培养起来，多听闻教理，多做些功课，这一切都是准备工作，而真正的一相三昧的修行并不是很容易的。

呵护每一个念头

我们大家如果是在一个道场里，除了我们需要做事情锻炼，需要跟众生结缘外，真正修道的人，看自己的基础而定：你可以在每个心念上去改善自己，果真能够看清楚第六意识的状态，性格一定会化掉。因为你知道，每一个不良念头的生起，就是在你未来的生命中创造了一个祸害的世界。这绝不是危言耸听。现在你打一个妄想，好像挺随便的，等到果报成熟的时候，至少要偿受一辈子。你讨厌一个人，哪怕就是一个讨厌的念头，你肯定有一辈子会生活在一个绝对讨厌的世界里。

念头的生起来就是生，念头的停止就是灭。讨厌的念头生起来，那个讨厌的生就开始了；讨厌的念头结束，那个讨厌的灭就开始了。我们不知道这个道理，起个念头嘛，好像不足挂齿，没有什么了不起。但是，一旦给那个念头阳光和水分，马上就会变成种子，变成了它的结果。每一个念头都是有这样的机会的。我们脑子里面出现的每一个念头，都是烂不掉的种子，没有一个念头会烂掉。所以，因果的道理、缘起的道理，大家如果真懂了就好办了。至少你能在一半是精神的，一半是物质的，一半是看不见的，一半是看得见的，站在这个关键的地方去看。

形而下的都是看得见的，形而上的则是看不见的。修道的人，真正的道行是在看不见的地方，就是形而上的地方——

你的心念还没有冒出来；心念一出来，必定会落入一个相。所以，意识实际上是连接物质世界和精神世界的关键点，就像意根缘法尘产生的意识，这个法尘就是外在的物质世界、有相的世界，意根是个无相的世界。它一旦对接起来，意识就开始表达，开始表现，像六条龙在舞——眼、耳、鼻、舌、身、意。我真希望大家能够回光返照，看到自己每个念头的生起，然后对它呵护有加，把每一个念头都呵护成慈悲、柔软的，然后我们就一直讲，讲到死为止。因为一不讲呢，每个人的业力很重，没有这样的氛围，或者自己不注意，一扭头做个噩梦就把自己吓得够呛，随时都有堕落的可能。

唯有就路还家

我们有幸遇到了佛法，如果没有遇到佛法，这一生连回头看看自己的心的机会都没有。如果你坐下来，用几分钟的时间来看看自己的心——胡思乱想、难以控制、心猿意马，自己可能连看的勇气都没有了。现在有那么多患精神疾病的人，抑郁症患者随处可遇，其实就是没有勇气看自己的心，睡不着觉，只能找安眠药解决问题，这样的人太多了。了解自己、看自己都没有勇气，他还能看到什么样的世界呢？

所以，只有就路还家，从天地万物的差别相，找到它们的根源；从我们自身的行为，找到我们的意识，意识千差万别，再找到它的无分别。只有这个门你可以回家。如果这个门打破了，我们跟世界就没有隔阂了；没有打破之前，这个门是必经之道。不会用功的人，你就看着自己的每个心念，在化性上下点功夫：不要抬杠了，不要固执了，不要刚强难调，不要像钢铁一样，要像泥土一样，上面能够种上树、种上草，绿化一下；再化呢，就像水一样，似水柔情；再继续化下去，像虚空和空气一样，空气还是有点东西，最后权当自己不存在了。在性格习性上，妄想如果听话了，你完全可以当自己不存在，这样你的修道就能融入整个生活。

从禅宗来说，念一句阿弥陀佛也是一相三昧。真正能够明白道理，会在一相三昧这里做功夫的，因为佛法的通途都是这样的。包括我们讲的观自在菩萨，就是你如果不往里面走，就会往外走。往里面走，会越走智慧越高。往外走只有一个动力是对的，就是慈悲心。开口跟别人说话，或者你要骂人，给别人脸色看的时候，要看看自己是不是出于慈悲心。如果不是，赶紧把自己的性格化一下。禅宗也好，净土宗也好，我希望我们每个人知道，在这个地方下手才不会错，才会有实际的受用。

阿弥陀佛！

我们精进修行多时才发现，以前走的都是冤枉路，亏吃大了；历尽艰辛，结果得来全不费功夫——

第十四讲　菩提自性　本来清净

上次跟大家讲了五祖弘忍大师禅修的方法，今天跟大家讨论六祖慧能大师的禅修方法。

目不识丁的六祖

六祖大师是汉传禅宗的重要人物，从六祖大师之后，禅宗直指人心、见性成佛的法门，才真正地得到发扬光大。而之前从初祖达摩祖师来到东土一直到五祖，五代祖师虽然都是心心相印，代代传承，但真正让印心法门在中国汉文化的土壤上开花结果的，确实是六祖慧能大师。正如达摩祖师的传法偈讲："吾本来兹土，传法度迷情，一花开五叶，结果自然成。"从六祖大师之后，禅宗得到了迅猛的发展。所以，六祖大师是中国汉传佛教，特别是禅宗核心枢纽中一个非常关键的人物。

六祖大师的出身、修学的过程、最后的虹化，以及他的开示语录，都记录在《六祖坛经》当中。大家如果把《六祖坛经》请过来读诵学习，自然就知道六祖大师的禅法特点了。那么，如果我们大家是上根利智之人，也可以直接修六祖大师的法门。当然，六祖大师说："我此法门，不是为中下根人说，也不是为上根人说，是为最上乘的人说。"

最直截了当、最高最妙的法门，如果不是最上等根机的人，确实很难相应。六祖大师自己就是一个非同小可的人，他没有上过学，是一个砍柴的樵夫，听到法以后，却马上能够相应；而且这个法在大乘佛法般若系的经典当中，是属于整个佛法中最核心的教理。也就是说，最高深的大乘般若思想，怎么会是一个目不识丁的人都能悟到的呢？而我们这些知识分子，能说善道，学问也做得很好，可是对自己的心却无法真正地领悟。六祖大师为我们做了一个很好的榜样。

学道之人，不能从知识、文化、长相、身份，乃至权力和地位上去衡量。佛法所说的核心是心，只要你有心，这个心就是平等的。没有心，你当然无心于道、无心于事，无心就什么事都不能成。有心呢，此心就是平等，什么东西都没有，什么参照系都没有，直接用生命去领悟。所以他在旅店里面听客人诵《金刚经》，便心生欣慕，后来他去拜见五祖。这中间的公案，大家看《六祖坛经》就知道了。

时时拂拭的渐教法

他在五祖那里舂米三个月之后，五祖要传承祖位给第六代祖师。他写了一个偈颂，跟神秀大师写的偈颂一比较，我们现在的人也能看得出来。神秀大师的偈颂告诉我们："身是菩提树，心如明镜台，时时勤拂拭，勿使惹尘埃。"我们平常教大家都是这样用功的：把自己当成镜子一样，镜子上有污垢了，就把他擦拭掉，长期擦拭，逐渐地让自己的心地光明显发出来。这个方法属于渐修法门，逐渐地调教自己。

现在很多人都特别喜欢《菩提道次第广论》，特别是一些知识分子，有理论支持心里踏实，觉得走向成佛之路，要靠台阶一步一步地走上去。如果理论没有，台阶也没有，让你跑你没有路，让你飞你飞不起来，干脆站在原地不动了。原地不动也就不动了，但是眼睛还要动——东看西看，四顾茫然，不知所措，所以知识分子也是很可怜：一定要有个台阶才能走，不给台阶就无从下手，不知道变通。学习佛法，像学习世间的知识和学问一样，学了半天都是在第六意识的妄想中打转，跟生命的本质一点关系都没有。没有搭上边，用功就用不起来，一用功就在那里打妄想，不打妄想就不知道用功。平常人都是这样用功的，跟禅宗的顿悟法门确实不太相应。

神秀大师能够写出"时时勤拂拭，勿使惹尘埃"，说明他用的是平常的传法布教手法，适应普通大众的心态。如果我们问自己：有没有用功？是怎么用功的？我们恐怕也只能讲出"时时勤拂拭，勿使惹尘埃"。让自己的心保持清净的状态，烦恼来了，把它扫除干净；痛苦来了，把它扫除干净。但是通过种方式，不停地扫除，不停地感觉到自己有烦恼，还是很难悟到这个道——神秀大师写的这个偈颂，确实是没有见道。因为大多数修行人都是这么做的——时时勤拂拭，把自己的心想象成一个清净光明的东西，看见妄想杂念，要把它扫除掉。因此，六祖大师见机行事，很有针对性地批判了神秀的偈颂。他批判的不是神秀的偈颂，而是批判按照神秀的偈颂去修行的渐教的人。

着相的细微之处

值得注意的是，有些人有了一点善根，能够理解禅宗的一些公案，或者能够转一点机锋对答，便得意忘形，狂傲得不得了，看到谁都想指点教训一通，看到谁都觉得别人在着相。其实，当你觉得别人在着相的时候，恰恰就是自己在着相。我经常听到很多人说：老太婆到庙里面去拜佛、烧香，简直就是迷信嘛！没错，看上去确实跟迷信一样。但是，当你觉得她迷信着相的时候，背后的潜台词恰恰是你自己在着相。你如果不着相，烧香、拜佛、吃饭、穿衣，其实是一个道理，就是一个动作嘛！总不能说我不着相，饭不吃了，厕所也不上了。所以真正着相不着相，是看有没有在相上抓住不放。平常不用功的人，一定是在相上抓住不放，即便是学习了一些教理，感觉自己好像不着相了，看到别人在相上努力用功的时候，总觉得别人在着相，这恰恰是你在着别人的这个相。

在平常想用功的状态里，我们大家都是心随境转，一不小心，就会被相给粘着了。有时候被财色名利粘着了，有时候被自己的发心、善心粘着了，甚至被禅定的快乐、良好的自我感觉，被种种好的情形给粘着了。就像打坐的时候，如果心烦意乱，痛苦难耐，就觉得自己坐得不好，心里很不爽；如果坐在那里，心里静如止水，一下子半个小时，甚至一个小时都没有感觉，很快过去了，就很开心了，觉得我打坐坐得很好。其实，坐得好，坐得不好，在这个上面去执着，太用心了，反而是全部被这些相带走了。这跟"时时勤拂拭，勿使惹尘埃"没有两样，即便是好的相，也没有两样。

菩提本无树

六祖大师就是针对这种着在相上的修行，直接指出："菩提本无树，明镜亦非台，本来无一物，何处惹尘埃？"这个"菩提本无树"，是从根本上讲的，不是从枝末上说的，也不是从作用上说的。从作用和名字上说的，全都是有相的。就像我们这个人：这个人就是个名字，这个叫人，人的形状就是相，手能够拿、脚能够跑就是作用。从作用和相上看，好像都是有的，可是从本质上看，压根就没有。如果不能从根本上看，那你肯定没有见道，因为离开这个本质以外，所有的相和名称时刻都在变化，都在生灭。有生灭、有变化的就不是道，是世间之器。

凡夫不知道，从生到死没有一刻能回归到道上，看不见道。所以，只有当你通身放下——菩提本无树，回观到一切事物本质的时候，才会发现：这个世界没有东西可以让你抓得住。世界那么大，你抓不住；身体这么小，你也抓不住；妄想比身体更小，你更是抓不住。没有一样可以抓得住。所以"菩提本无树"，一下子就让我们看到生命的本质，对神秀大师执着的"身是菩提树，心如明镜台"直接来了个横风扫荡，全部扫除干净了。他得到了五祖的认可，五祖给他讲《金刚经》，讲到"应无所住而生其心"的时候，六祖真正地大彻大悟了。虽然前面也有悟，但是前面的悟是一些过程，还没有得到祖师位置的传承。只有弘忍大师给他讲《金刚经》之后，他才彻底明白了"应无所住而生其心"：不住色、声、香、味、触、法生心，若心有住，则为非住。

应无所住而生其心

应无所住而生其心，大家看看，我们起心动念的这颗心它住在哪里？其实，任何一个妄想，就是你的心住在上面所呈现出来的。我这么一讲，你又傻傻地不知道心住在哪里，往哪里安顿，心是生起来了，却妄想不断。那你没有妄想，没有念头的时候呢，就是无住的状态啊，只是你不清楚。六祖大师之所以在整部《六祖坛经》中，处处指归于你回到生命最高最奥妙的地方，就是因为我们总是在相上去粘着。"凡所有相，皆是虚妄"，他一下子看到在无相上可以着力，在你的内心中，只要想抓住任何一个境，全部都是错的。他针对的这一点，就是能够明悟应无所住而生起来的心。

大家如果把这句话的意义领悟到了，修行其实就不用修。不修行是真正的大修行，有修行的都是有为造作的，所以，《金刚经》的"应无所住而生其心"，可以作为我们平常的一种用功方法。用我们上师元音老人的说法就是：证体起用。整个生命回归的过程，先证体，证到你生命的本体。

什么为体？无相为体。凡所有相都是虚妄的，虚妄的东西都是无常的，都是在变化的，它不是你的本质。只有无相了，你的本质就呈现出来了。所以，证得这个体，一定要从不住色、声、香、味、触、法上下手，应无所住而生其心。若心不住色、声、香、味、触、法，也不住财、色、名、食、睡，也不住眼、耳、鼻、舌、身、意，六根、六尘、六识都不住，所以说"若心有住，则为非住"。刚一想到，这个杯子挺好我想要的时候，你就住着在那里了。无论是我们的言谈举止，还是那个杯子，在本质上都是没有的。你还想要，你能要到什么呢？那个能要的人在哪里呢？看一看能要的人根本都没有，没法住了。

但是我们大家坐在这里，总感觉是我坐在这里，其实这个我是一个缘起的条件假合，我们误以为是一个我。比如我们认为我们坐的蒲团是个垫子在这里，其实仔细看过去，垫子是由棕垫、布、拉链等等材料组合起来的，仅仅是一个假名。垫子的本质根本不存在，我们所谓的身体也不存在，但是我们又不妨有垫子在这里，不妨有身体坐在垫子上。

抓不住的流沙

要证到这个体，一定要"应无所住"，不住色、声、香、味、触、法生心。不只是不住在色法上，声音上也不能住，因为心的本身是自强不息的，没有停息下来的时候。我们这颗心，一直是在觉照着，全盘都在运用着：你在吃饭、睡觉的时候，心在这里呈现；你睡着了，没有做梦的时候呢，它也一样在这里呈现。清醒时能呼吸，睡梦里也能呼吸；你什么都不知道，睡得像死猪一样，但是睡醒了，精神还是很好。说明身体这台精密仪器，整个神经系统、免疫系统、组织细胞的运作等，都给你做了正常的调整，所以睡眠好了，人又焕发了精神。心性本身就有这个功能，它会调整这一切。这一切从来就没有停留过，不会停留在色、声、香、味、触、法上；"若心有住，则为非住"，一停留在上面，马上就滑走了。

世间的万象都是如此，得到东西的同时就在失去。就像抓起一把沙子一样，这把沙子抓起来，就在你以为抓住了的同时，它已经从手指缝里面一粒一粒很快地流走了。你抓不住沙，因为沙是流动的。那我们的这颗心呢？本来是"但用此心，直了成佛"，但是这颗心跟外界的六尘粘着在一起，尘一直在流动，我们的心就跟着一起流动。平常凡夫执着的这颗心，就一直跟着外界在流动，所以，我们想把心住在法上，是枉费心机。

凡夫都是把心住在那里，比如说，喜欢一个人，就老想着这个人惹你喜欢的情景；喜欢做一件事呢，就总是念念不忘地努力将那件事情做成。其实，想到的都是从前想要做的事情，现在想要做什么，好像都不知道。你们来这里是不是以前想来这里的？修行是不是都是从前想的？现在你想干什么呢？现在想的也是从前想的，从前你想修行，现在还在延续着这个妄想，还在那里想。所以，心本来没有住，是我们以为心有所住。比如说念阿弥陀佛，阿弥陀佛、阿弥陀佛、阿弥陀佛，每念一句佛号，佛号就流走了，但是我一句一句念的时候，总感觉自己老是念的这句佛号，好像能让我抓住，抓住它不放。那个佛号真的能让我们抓住吗？让心像钳子一样，把佛号抓住让它不动，可能么？阿弥陀佛、阿弥陀佛，刚念完一句它就流走了，再念的时候又重新来了，重新来了又走了。世间万物无一例外，犹如流沙，到你手上的同时，就全部开始失去，得到之时便是失去之时。所以，不住色、声、香、味、触、法，指的是六尘就像流沙一样，一直在流动，你想抓住它，简直是白日做梦！

人在轮回中就是因为想抓住六尘，生生世世都想抓，就去努力地抓——知识想多一点，钱财想多一点，地位想高一点，长相想好一点，一直想要抓这些东西。《金刚经》直接告诉我们"应无所住"：心不要住在上面，它是动的，住在上面，就跟着它流走了。跟着六尘一直在流动，所以叫流浪生死，流浪到家在哪里都不知道了，流走了就没有了家的感觉，忘记了回归；下一秒钟自己会是什么样，更不知道了。

若心有住　则为非住

我们经常活在情绪当中，情绪好了，今天就很开心；情绪不好，今天就很懊恼。其实，情绪只是流动的一个表现，你抓住了一把白沙，就觉得情绪很好；抓住了一把黑沙，就觉得真倒霉，怎么是黑的。其实，不管黑沙白沙，它都流走了——过去多少岁月，快乐没有了，流走了；痛苦也没有了，也流走了。我们面临的还会有快乐来，来了还会流走；还会有痛苦来，来了也还会流走，所有的一切都在流动。在日常生活当中，我们所有的努力都是在追求那些看似得到，但马上就会失去的东西。所以《金刚经》从根本上告诉我们"应无所住"。你住在上面，就被它粘着了，粘着它、捆着它，它走了，你跟着它一起走。无所住呢，六祖大师特别强调：不住色、声、香、味、触、法，不住在尘劳挂碍上。

"若心有住，则为非住"，如果心有住了，其实就不是真住了。心住哪里啊？你说我得禅定，这一个小时非常舒服，就停留在这里。其实，当你想停在那里的时候，你的心已经被这个定境带走了。这个定境就是无常的，因为定境有入定，有出定，入定的时候感觉定来了，等一下禅定会没有的，同我们痛苦和快乐的情绪是一样的。你日子过得再好也得死，因为无常是它的规律，禅定的本质——四禅八定的本质，也是无常的，是世间生灭的法。所以停在上面，肯定不行！尤其我们一般的禅定，都是停留在法尘的状态里面。

下流的凡夫

法尘是什么？法尘就是我们所打的妄想，所有的爱恨情仇，所有的情形，只要你脑子里面想出来的没有相的都是法尘；你脑子里面想出来的看得见相的是色尘。比方说，我们觉得自己很快乐、很痛苦、很纠结、很安心，最近功夫用得真不错，最近什么功夫都没有，我很懒惰、我很精进，想要的、讨厌的、喜欢的，全部都是法尘。当你住在上面的时候，其实已经不是真的有地方住了，心已经跟着这些东西去流浪了。我们所有的情绪，它来了，它很快也就走了，《金刚经》告诉我们，不能住在上面。

诸位，不住在色、声、香、味、触、法上，那你怎么办呢？"应无所住"，干脆我就不要了。这么多麻烦的事情，就像门前的流水一样，你跳到水里，就被水流冲走了。我们生命的洪流一直在奔腾向前，只要掉到生死轮回的洪流当中，一定会随着生死流往下流动。所有的凡夫都是往下流的，只有不随它流了，才能往上流。随它流，就流入生死苦海；不随它流，就预入圣人之流——初果叫预流，预入圣人之流，就是往上流。

在这样的生死流荡中，身心、情绪的变化，六尘的变化，当你的生命捆绑在这些东西上面时，就好像我们坐飞机、火车一样，尽管很平稳，睡了一觉醒过来，已经不是原来的地方了。所以人生真是很奇怪，看上去每天都是重复的，日复一日：我们早上起来，上殿、吃饭，接下来听课、做事情、吃中午饭，然后休息、做事情，又是晚饭。看起来每天都是在重复，其实每天都是不一样的。从无始劫以来到今天，从来都没有重复过，每一天都是全新的。当你不知道觉醒，只知道随着这些生灭法到处流浪的时候，便无家可归了。所以，这个东西跟文化没有关系，跟知识也没有关系，跟你有一点关系的是什么呢？跟你的觉察力有关系，看你有没有觉察到你的人生是这样的一种现象。有些人还一定要名、要利、要财、要地位，要得很认真努力，把老命搭进去，把情绪搭进去，甚至把家庭也搭进去，什么都搭进去。其实搭进去的也都被流走了，没有一样能让自己抓得住的。

不可思议的不住

佛菩萨、祖师大德从修道上一下子看到问题的严重性：流浪的凡夫生命，一脚踩到这条河里，就被河水冲走了，没有一个是站得稳的。能站得稳的至少是初果以上的人，他不会堕落为凡夫。所以，当六祖大师听到五祖同他讲"应无所住而生其心"这句话的时候，他马上发出感叹。诸位现在也可以尝试问问自己：不住色、声、香、味、触、法，能不能不住？当你说不住色、声、香、味、触、法的时候，谁在不住？不住的那个人是谁？色、声、香、味、触、法，特别是这个法，法是一个概念，所谓不住在概念上，也就是人我是非、凡夫、圣人、佛、菩萨、开悟、迷失等等，这些概念通通都没有了；管他是非好坏，管他圣人凡夫，都没有了……

如果你嘀咕说，这就是开悟吧？你又住在法尘上了，因为开悟就是个概念，这就有问题了。当这些问题、这些思想全部被扫除干净了，诸位扫除一下试试：色法，凡是看得见的全部扫除掉；心法，特别是心里想到的东西，把几十年学习掌握的知识、概念、想法、创意全部扫除之后，那就是六祖大师发出的深深感叹，看看跟我们的感叹是不是一样——"何期自性，本自清净；何期自性，本不生灭；何期自性，本自具足；何期自性，本无动摇；何期自性，能生万法。"

没有概念了，外面的色、声、香、味、触五尘一直在生灭流转，我们大家都很清楚，留有尾巴的往往是内心的一些概念。比如说，我是信佛的！这难道是开悟吗？这难道不是开悟吗？全是概念！这些怀疑、这些想法，通通要扫除干净，你才能不住。真正一下子契入不住了，你发现……不能发现！不能说，一说就错！不但不能说，也不能想，一想就错！这个时候，六祖大师能发出那样的感叹，是因为回观返照看自己——"何期自性，本自清净"！凡夫是同六尘在那里浑身落草——落草为寇，本来我们是清净无污染的，结果莫名其妙地沾上法尘概念，沾上是非、人我、快乐、追求、逃避……沾上了这些东西，变成一个小偷，变成一个穷光蛋，变成一个可怜的人；不沾这些东西呢——"本自清净"，本来就一尘不染，六根不染一个尘，不染着的时候才是你的本来面目啊！

所以叫"本自清净"。不是我们千辛万苦修行修的才清净，是本来就清净。有时你精进修行多时才发现，以前走的都是冤枉路，亏吃大了，历尽艰辛，结果得来全不费功夫，本来就这样——"本自清净"！你也不要担心说，那我以前犯了错误，是不是还要遭果报啊？你看又落入六尘了，六根又跟着去流浪了。

张嘴没话说

六祖大师直接看见从来就没有生死——"何期自性，本不生灭"，有生灭的全是六尘变幻。其实，法尘的含义很广，法尘已经包含了我执，因为第七识的无明就是意根缘法尘形成意识。我们不动脑筋的时候，法尘概念留在心里面，老是留一个余地，什么余地呢？就是自我感觉。我们一定要给自己一个名义，证明我是开悟了，还是没有开悟？证明我是了生死了，还是没有了生死？非要搞个水落石出，"谁"搞个水落石出？要把我搞个水落石出，那个我就是法尘！如果不要这些概念，不要这些水落石出，不要搞个名义，那你就不需要这个我，生命就是光秃秃的，无名无相。说没有，确实需要你亲自去体会，非常清楚；说它有，却又什么都抓不住。不能想、不能说，要想一个、要说一个，那你肯定不对了。当你什么都不想却什么都说的时候，怎么说都万变不离其宗，因为尽管说，却不会执着这个语言。

六祖大师是在这种心境下直接表露的，前面四句把六尘生灭法全部否定掉——"何期自性，本自清净；何期自性，本不生灭；何期自性，本自具足；何期自性，本无动摇。"不需要造作！最后道出了"何期自性，能生万法"，原来一切万法的生灭都是从这里冒出来的。不管怎么冒还是不生不灭，佛性能够起应万机，随一切缘而不变。一切妄想都停止了，你千万别脑子里再起妄念，觉得有点委屈。如果还觉得有个对错让你难受，还是没有透过去。真透过去呢，他讲话就跟没讲一样，动脑筋就跟没动一样。这时我们再读《金刚经》，就会明白《金刚经》为什么说"若见诸相非相，则见如来"；"众生、众生者，如来说非众生，是名众生"；"如来者，无所从来，亦无所去，故名如来"；"如来说一合相，则非一合相，是名一合相"。

凡夫看到概念的时候，死死抓住不放：嗯，这人挺好。开始高兴，抓住这个好不放。如果你明白好是假的，不好也是假的，那么好也没关系，不好也没关系。一旦好与不好同你有了关系，这个好与不好就牵着你的鼻子走了，你就被它们困住了。那么，什么跟你没有关系呢？对立跟你没关系，是非对错跟你没关系，根和尘跟你也没关系，什么关系都没有。这个时候你的内心，其实也不是内外，而是看到内也没有内，外也没有外——概念不能出来哦，要有概念就错了。当没有概念的时候，禅宗祖师有时候很搞笑，他很厉害，没概念叫我怎么说，怎么办呢？我全身八万四千毛孔就像八万四千张嘴一样，但是每张嘴都张开了以后，却没话说，不知道怎么说，同时全身八万四千毛孔又都可以说。你看禅师，教外别传，不立文字，虽然不立文字，禅宗全书就像一部大藏经一样，说得最多了，属禅师最会说。最会说是因为他每说一句话，都归于无所得、无所说。

《金刚经》里释迦牟尼佛说："如果有人说佛有所说法，是为谤佛。"为什么你说他有所说？本来《金刚经》的意思，整个般若的意思，整个佛的意思都是在自性中流露出来的，我们在学的过程当中，就好像一条路，这条路通到你家，但只能到你家门口为止，一定不能通到家门里面去。既然已经知道了家，满天下的路，到处走都是自在的。路只能到达家门口，就像语言不能到达我们的真心，真心是在语言之外一样。但你可以就路回家，通过佛经的语言——标月之指，就回到家里。有时候，我们还站在家门口，在那里徘徊，告诉你不要起心动念，有一个念头都是错的，你又自言自语：噢，没有念头是对的。错了！你已经被这个概念捆住了，所以说没有见道。连这个概念也要完全舍弃，六祖大师就是这么一舍弃，发出了"何期自性，能生万法"的感叹。

虚空粉碎 大地平沉

禅宗初祖达摩大师跟二祖神光大师也是这样直指的：当专注回观返照的时候，找找自己的心在哪里。后来六祖离开五祖时，慧明追他，追到以后慧明对六祖说："我为法来，不是为衣而来。"六祖大师就坐在磐石上为他说法："屏息诸缘，勿生一念。"屏就是屏蔽，息就是停止——把你的一切妄想杂念全部停息下来。这个时候，"不思善，不思恶，哪个是明上座本来面目？"六祖的直指就是这么直接，善的、恶的、好的、坏的、对的、错的，这一切都不去想，叫"不思善，不思恶"。好的也不想，坏的也不想，其实关键不在善与恶，关键在于不思——不可思议。此时看看自己是什么样子。他直指就指到这里，没办法再指了。指到这里你还不知道回家，你就注定要流浪生死，注定是一个流浪汉，谁也拿你没办法了。

禅宗的直指就是一个动作、一个语言，最直接地把你的妄想分别一下子就打破了。平时我们千辛万苦地用功，养成良好的德行和品质——慈悲善良，愿意帮助别人，做事情很负责任。诸多美德，是自己通过几十年的苦心经营，一点一滴逐步完善起来的，好像砌墙，一块砖一块砖把自己砌起来，很不容易。完善到最后却告诉你，这些要全部拆掉，什么都不需要——善也不需要，恶也不需要。

善法是基础，实际上是在有保障的情况下为你直指。自己几十年好像很有成就，其实，全部是被有相的东西紧紧地捆着，很辛苦地把自己捆着，心一定是不自在的。这时禅宗的直指，就是把你内心中所有粘你、捆你、缚你的一把全拽下来，撕个稀巴烂。祖师说得更直接："虚空粉碎，大地平沉。"山河大地一切万物，通通都不留概念。如果大家坐在那里，还是停留在旧有的思维模式中，用那些思维模式框住自己，听到此还是会云里雾里。如果你大字不识一个，佛是什么也没听说过，像六祖一个砍柴的樵夫，什么佛学也没有学过，庙都没有进去过，反而有直接契入心地的这个条件。就是没有受污染，所有的思想概念对他来说是一片空白，直接来观察自心，反而有条件，观察到了，一下子就到位。《六祖坛经》里六祖大师本身的悟道因缘，就是一个直指的最好例子。我们现在没有人为我们直指，我们可以拿《金刚经》同《六祖坛经》作为直指的依据，自己去对照直指。

学佛没有好处

我们看《六祖坛经》开头四句话："菩提自性，本来清净，但用此心，直了成佛。"四句话里有教、有理、有修、有证，菩提自性是教，本来清净是理，但用此心是修，直了成佛就是证。我们修道路上的教理，教是通过语言表达的理，理就是教背后的含义；教是语言，通过语言表达教理修证。菩提自性，佛所成就的菩提不在别处，就在当人自心，每个人本自具足的天性就是菩提。

所以有人问我，学佛有什么好处？我说：学佛没有好处。诸位说学佛有什么好处？如果让大家讲好处可能会讲出很多，其实，真正意义上来说，确实没有好处。但是我们不学佛却有很多坏处，学佛只是没有坏处而已。什么是好处？本来我没有的你给了我，我得到了好处；学佛是你本来具足的东西，不是佛给你，也不是师父给你，没有人能够给你。但是如果佛菩萨不告诉我们，我们就不知道自家的无价宝藏，还到处流浪、到处要饭，可怜巴巴的，见了谁都觉得自己好像不是那么一回事。有时候自己被习气恶搞了一把，看自己真是面目全非，那就是对自己都不了解。自己生命的无价宝藏，没有人指点，我们不知道；指点给我们，我们又误会是别人给我们的，又错了！谁也给不了我们，佛也不能给我们，是我们本自具足的东西，是本来就有的。所以，我们学佛就是要把不学佛的坏处屏蔽掉。

学佛的最大好处就是没有坏处。当然这个菩提自性起应万机，是超越好坏的，什么好处坏处全是闲杂言语，跟自己的本性毫无关系，一点关系都沾不上边。所谓三藏十二部，按禅师说法，说得很恐怖哟，三藏十二部经典都是擦屁股的纸。哇，这不是诽谤佛法么，罪过太大了！但是他是通过这个告诉你：你内心中所有好的坏的，哪怕像佛一样好的东西，如果变成一个概念，依然还是障碍，你还是见不了道。所以要彻底知道

"菩提自性，本来清净"，如果不能回到这个本的上面，所有的修行都是在枝末上比划。

拿什么成佛？

我们很多人确实非常辛苦——修行很辛苦，弘法也很辛苦。没有回到本上，这种辛苦是真苦，日夜不得安宁。如果回到本上，他就没有苦了。乐都没有哪里还有苦呢？苦乐对立完全不是你心的样子啊！心没有苦乐的样子，没有是非的样子；有是有非，有对有错，有取有舍，通通都不是心。这个菩提自性，它本来就是如此的不染尘埃。诸位如果稍稍有点体验，就要回观返照看自己。我经常问大家一个问题：诸位学佛是不是为了成佛？不想成佛的我不讲，不想成佛的佛弟子都不是好弟子。想要成佛，我就要问你：你拿什么成佛呢？这个身体过不了多少年就要进火葬场火化了，靠身体不行。满脑子的妄想呢，没有一个妄想是可以成佛的，既然叫妄想，怎么能成佛呢？再多的理由，再好的理由，再漂亮的诗句，哪怕三宝歌唱得很好听，那也仅仅是一个妄想。所有的妄想全是生生灭灭的，没有一个妄想是留得住的，能成佛吗？成不了佛的。

好，问题来了，你现在除了身体和妄想还有什么？你千万别说还有自性，你说出来的就是妄想，不能说！不说你还蠢蠢欲动地很想说，那是什么东西？妄想没有了，妄想靠不住，身体也靠不住，除了身体和妄想之外，还有什么？你们看看还有什么？不是让你找答案哦，别多嘴巴——就是没什么，就是也没了。你狡猾，其实这个狡猾的就是妄想。这个时候，不动妄想的人有机会了，身体除外，妄想除外，不是清清楚楚的吗？

天下乌鸦一般黑

所以"但用此心，直了成佛"，就用这个心成佛，不是别的什么心。一旦动了妄想，一想出来它就没有了，像个水泡一样抓不住的。动了妄想就不清净了，因为有概念了：有成佛、有不成佛，有凡夫、有你、有我，所有的这些全是不清净的。"菩提自性，本来清净"，但用清净这个心。

诸位再仔细看看：除了妄想之外，我们知道身体也不能成佛，那就想象身体已经一把火烧掉了，这个结果是早晚的事，我们都很清楚。所以，身体和妄想除外，"但用此心，直了成佛"，没有形象，不能表达，真的没法说。

有个人参禅，一下子开悟了，高兴啊，"我开悟了，我开悟了！"在院子里喊了起来。大家都很激动，开悟不容易啊，快说说你悟到什么了？"那我没法说！"这是真开悟了，还真没法说。那释迦牟尼佛开悟后，天天说，说了四十九年，你开悟了怎么就没法说呢？肯定不是真的！"哦，说、说、说，怎么说呢？"这么说吧，"原来你不是女人！"等于没说一样。这个东西就是没法说呀！还有的禅师说："原来鼻孔是朝下的！"傻瓜都知道鼻孔是朝下的。因为没法说，所以才叫："庭前柏子树。"有人问虚云老和尚："修道人如何？"修道人应该怎么样的？老和尚怎么说？"天下乌鸦一般黑！"有些傻瓜以为：哦，那个时候就没有修行人了，大家全是黑的。天下乌鸦一般黑，天下乌鸦一般黑就是真理呀！乌鸦嘛，本来就是乌的嘛，乌就是黑嘛，就是本来面目。真修道人随时都在本来面目上，他不在这些言语、妄想、身体、长相上，这些全部跟道一点关系都没有，丝毫关系都没有，落入一点你就流浪去了。

《六祖坛经》开头的这一句，包括六祖大师开悟之后感叹的"何期自性，本自清净"，这些话大家都要记得牢牢的。如果会用功的话，这些话其实也是多余的；满目青山皆道场，举手投足无不是在道上。

除习气最好的办法

后来六祖大师开示：我此法门从上以来，顿渐皆用。顿的当下就让你悟道，渐的呢，跟你讲、讲、讲，慢慢来，别着急，习气慢慢除。除习气最好的办法还是要明白，妄想成不了佛，身体也成不了佛，你就知道怎么成佛了。习气来的时候我们有时候会着急："师父，妄想很多，业障很重，怎么办啊？"怎么办？别办了！办什么办，办了就是妄想了嘛！但是如果告诉你别办，你还是受不了："哦，我还是很难受啊！"给你一棍子，直接打下来算了。这时候如果你对师父很恭敬，有些弟子对师父很恭敬的时候，看到师父都发抖，话都不敢说，能给一棒子下来，我估计魂都没有了，应该挺管用的。

实际上就是当他已经知道，轮回生灭中的一切都靠不住，而自己又上不上、下不下，吞不下、吐不出，不知道是对还是错，在那里纠结，不死不活的；生死想了，却总好像还有点根，尾巴还在那里，还不透脱。想说我已经开悟了，又不敢说。谁敢说自己开悟了？特别是末法时期，你讲自己开悟就是大错特错，为什么？讲自己开悟这个问题不是很严重吗？开悟了还有自己吗？开悟都没有我了，你还有个自己开悟！没有我，没有开悟的那个人了。我们有了妄想才有人我，没有了妄想人我在哪里？没有人我了，就连一个尘埃都没有。曾经有个人就是这样问："师父，我到底开悟了没有？你给我印证印证吧！"我说："怎么印证啊？""你看我到底是初果还是二果，或者三果、四果嘛！"我说："烂苹果一个，还能有什么果？"他在概念当中还绕不出来，以为自己是初果、二果还是什么东西，其实他的内心完全被这些妄想带走了。

从直指来说，只要有一粒尘埃、一个概念成为你生命中的障碍，全是祸根！

六祖直指的方法

六祖大师说，从上以来，顿渐用之。怎么用呢？"无念为宗，无相为体，无住为本。"无念为宗，所有一切都回归到无念，无念是什么？无念不是憋在那里，不敢打妄想，傻傻地停在那里、守住自己。比如后来的参禅，宏智正觉禅师的默照禅，被大慧宗杲禅师骂为默照邪禅。《楞严经》讲："内守幽闲，犹为法尘分别影事。"你看他在那里守住了：好，我现在不想了，我就注意自己，就在这里呆着不动，这就是真心，这就是菩提，守住这个菩提……你看他打了多少个妄想？菩提、守住、不动、不妄想啊，种种妄想念头，一直都在干扰他。

所以，无念是于念而无念。真正无念的时候，它是玲珑剔透，没有障碍的。你守住自己不想了，那是停留在很黑暗的地方，叫死水黑山，死水不藏龙。念念不忘，因为念都是表面的，云卷云舒，云来云往，但蓝天不是云，我们的本来面目没有念。不是说我不能念，不是说我不能讲，如果不能讲，佛讲那么多干吗？我再告诉大家：除了妄想和身体以外，你还有什么？当你回观到这里的时候，我跟你们讲的时候，这些语言表述全是妄想啊！身体在这里，它也是妄想，全是生灭法。你的全部注意力要离开所有的生灭法和妄想。当有一天你说，啊，想到这句话，我就不能念了，停在那里，死在那里，那就是不明白。真明白了，它是以无念为宗——念念不停，念念犹如流水，但他不会抓住任何一个念作为自己的依靠，这就明白了！不能抓任何一个念作为依靠，哦，师父说了，不能抓住任何一个念作为依靠，然后又抓住这句话去念，冤枉死了，所有的念都要彻底扔掉。

无相为体，体是本质。无相为体指的是：在这一切相上，我们不能有任何一个相，比如佛像、极乐净土、美好光明、见光见佛，不能拿任何相作为你的本质。体就是体质，不能拿任何相作为你的本体，换句话说，我们生命的本体确实就是没有相。有时候勉强用虚空来比喻，虚空因为没有相，所以不妨有任何相在虚空中呈现；虚空如果有相呢，那它的相就有障碍了。虚空不设障碍，我们生命的本体也不设障碍。障碍是我们自作多情，抓住这些相给自己障碍，所以以无相为体。最后是以无住为本，就是生命的根本起一切作用的时候，不能住在任何一个东西上。

回到《金刚经》，就是不住在六根、六尘、六识的任何一个上，连小乘的涅槃也不能住。所以大乘叫无住涅槃，什么都不住，什么相都没有，什么念都不能染污自己——妄想打来打去，你就不会因为这些妄想在那里纠结了。我们很多的时候太被妄想纠结了。如果是真修道人，只是看见：云来了，云走了；人生几十年，业来了，业走了；业力感召你来了，业报结束的时候，业力感召你又走了。虽然业来业往，妄想来妄想往，虚幻来虚幻往，但你的生命从来就没有跟它们走。正因为我们不知道这个生命，不知道这个菩提自性，所以才会跟着它一直在走，抓住自己的念不放。所以要以为无念为宗，以无住为本，不能拿任何东西让自己住，不能停留在任何一个地方，包括禅定也不能住。所有世间的一切相都不住了，才能超出一切相之外，叫横断三界、竖穷十方，三界平等、十方圆融，这就是六祖大师的一个直指的方法。

阿弥陀佛！

> 在整个宇宙生命中，除了当下的这个，全是枝末边事，只有这个是根本——

第十五讲　但用此心　直了成佛

破除假设的直指

上一次的禅修方法中，我们讲到六祖大师的直指见性之法。实际上，禅宗后人把它分为两派：南宗的顿悟和北宗的渐悟。渐悟是有渐次的，是指一步一步往前走地就路还家，而南宗的顿悟，就是一下子指到我们生命最核心的要点上。

什么是生命中最核心的要点？世间一切的生灭法，都不是我们生命的要点。所以，直指见性的法门，对于上根利智的人来说学习起来是非常过瘾的。所有拖泥带水、婆婆妈妈的东西都不要，连修行也不要、思考也不要、比较也不要，佛来佛斩，魔来魔斩，不管什么来都通通扫除掉。所谓离心意识，心也离开，意也离开，识也离开，凡是跟自己有关的，跟这个世界有关的，所有的一切全部都要一刀两断，"跳出红火坑，做个清凉汉"。它的直指不容许学人起心动念，你在没有起心动念时，这个就是！如果起心动念，就不是了。

禅宗的很多公案，特别是宋朝之前的，通通都是直指之法。天台宗的祖师也惯用禅宗的直指法，比如天台宗的第十九祖，二十祖前来见他说："我要向您学习最高妙的佛法。"祖师想学法，是全身心投入的，对师父、对法没有丝毫的怀疑，自己也没有半点的狡猾，没有任何的虚假成分在里面。我们现在很多修行人不成就，就是有太多的水货，发心也有水货，不纯正、不究竟，总是有自己的小算盘。过去能够为一个修行人直指，就说明他已经是百分百地全身心投入，纯一为道，这样的人非常容易相应。二十祖师表示要学习最高妙的佛法后，十九祖看了看他，然后就伸出手来，东看一下，西看一下，话都没讲，二十祖就开悟了。

为什么他能看开悟？他知道祖师给予的，一定是生命中最重要的东西。可是我们天天看到师父这样动作、那样动作，跟看木偶一样。那这个是什么东西呢？这就是直指的妙处，你说他这个动作就是佛吗？就是开悟吗？谁都可以做这个动作。我们天天都在虚空当中生活，衣食住行都有一定的虚空，可是看这些虚空也没用，你也照样不悟。那祖师为什么会言下大悟？话还没有讲，还不是言下大悟，直指有时候就是咳嗽一下，你也能够明白。因为我们的心中，总会有很多的概念存留梗在心头，自以为是地说：佛法应该是这样的，佛法应该是那样的，修行应该是这样的，修行应该是那样的，开悟的人应该是什么样的，脑子里面一大堆全部都是假设。人生最累的就是活在假设当中，假设自己以前还有善根，假设自己以后会很好，假设自己业障深重，假设自己不可一世，从来没有真正地面对自己。种种假设就像手铐、脚镣一样，把你自己彻底捆牢了；不但自己活在假设中，对旁边的人也在不断地假设。在生活当中，我们的父母、子女、兄弟、姐妹、朋友，有谁真正百分百了解对方呢？所谓的了解，是不是真的像他本人理解的那样？没有。因为你有太多的假设，你觉得他好的时候，你就假设他什么都好；觉得他不好的时候，就假设他完全是坏的。人一旦活在假设当中，就被这些假设的概念所降伏。因此，禅宗直指的时候，绝不容许你有任何假设，只要有一丝一毫的假设，这就是该打、该破除的地方。

什么是假设？

当你的身心不再假设了，才能活在真实当中。什么是假设？我们的第六意识是假设，我们的自我感觉——我执，实际上也是一个假设。破除"我执"，你说难不难？但只要你不再假设了，我执也就没了。假设一个"我"，你会觉得：我多少有点善根吧，能够遇到佛法，能够修行；我业障深重，怎么到现在还不开悟？其实，所有的语言、想法，给自己下的定义，通通都是假设。当这些假设没有了，直指就到家了。所以，能够在直指下悟道的人，悟后他就能够保任，因为他的整个身心，对佛菩萨、对法界的种种概念、种种假设都不要了，知道这些只是自己给自己设计的一个骗局。

凡夫给自己设骗局，总是希望要把自己引导到哪里去，尤其是当我们发菩提心想成佛的时候，我们总会想：现在这个我是受苦的，我修好了以后，就会把这个我变成一个解脱的我，变成一个菩萨的我，甚至把这个我变成佛的我，有没有？如果你想把这个我带去成佛，那是做梦，因为这个我就是一个罪魁祸首。如果这个我能够去成佛，那佛就是有我；佛如果有我，那就不是佛了，而常见外道就是以为有一个永恒的我。

我发现很多菩提心发得很坚固的人，他背后强大的自我意识，就是最严重的问题所在。常见外道修了半天，积功累德，怕自己造业下地狱，控制、压抑自己的种种欲望，然后把自己变得有模有样，到最后却落入一个常见外道的下场，太可惜了！这个假设的我是没有的。我的身体、妄想种种都是假设，甚至我心中的佛菩萨、净土都是假设，是不是就没有净土呢？如果你认为没有净土，又落入了断灭见，还是外道。常是一边，断也是一边，这叫边见。因为有了我执，就会有边见；我执我见没有了，边见也就没有了。常一边和断一边，两边去除了，不常不断。《大智度论》讲：常是一边，断是一边，离是二边，行于中道。所以不要小看直指。直指最关键的是，把你的常见和断见同时剿落了。你对佛菩萨、对师父有百分百的信心，把所有的自我意识全部扔掉了，不会在那里嘀咕说，那个成佛的我没有了，那我不是白修了，白辛苦了？有气无力躺在那里起不来了。因此，一旦有一天，当你发现那个常见的我是没有的，就会幡然醒悟：原来我们还千辛万苦积功累德，做很多善事，做很多功夫，磕很多大头，希望自己积聚福德资粮、智慧资粮，然后有一天带着这些资粮去见佛陀。其实带着这些资粮，背着那么重的包袱，是见不了佛陀的。说不定还背到地狱里面去了，因为你背着这些东西，压力越来越重、越来越重，就会修坏掉。

宁可不悟　不可错路

宁可千日不悟，不能一朝错路。如果知见不正的话，只是给自己增加一些福报，福报是增加起来了，但背后的固执更加严重了。我们在修学的过程中就会发现，有很多人出家的资历很深了，学佛的时间也很长了，但他的固执没有得到丝毫的松动，脾气秉性依旧，或者即使有一点变化，也是一个很没有修养的样子。有了一点修养的样子，又坚决容不下任何不好的人和事，"窄也不容针"——连针也容不下。祖师大德的"窄也不容针"，是小而无内；"宽时遍法界"，整个法界都能容得下，哪里还有某一件事情容不下？

因此，当你修到最后，自己各方面能力强大起来的时候，一定要小心，你的我执、我慢，背后坚固的执着是不是也同时增强了？对凡夫而言，这很正常，有了一些权力地位，积累了一些知识经验，内心就开始不可一世。但是在修道上如果知见不正，常见的外道见如果还没有抛弃的话，一定会把自己努力成就的种种现象当一回事。而只要把这些当一回事，不管你待人接物多么谦卑、多么慈悲，甚至满面春风，内心像高山一样耸立的傲慢始终是掩饰不住的。

所以直指的最后，最快捷的方法，就是祖师大德告诉我们的一句话，叫"杀人剑，活人刀"，或者是"杀人刀，活人剑"。"杀人剑"就是把所有的东西都给你砍掉。我们现代人福报不够，信心不具，先天不足，连最基本的人格人品都还没有养成，经不起任何的考验。如果呵斥他一句，他不知道在肚子里面要恨你多久。如果骂他一句，更加了得，他会觉得你很坏。在生活当中，旁边哪一个人占了他一点点便宜，他内心就在那里纠缠，计较来计较去。越是末法时期这种现象越严重，学道的人没有道了，变得特别世俗，特别俗气，放不下对名利财色的贪着，放不下是非人我。所以，他如果善根不足，是没办法给他直指的，只能哄着他。当然，这个问题不是现在才开始有的，宋朝的时候就开始有了。为什么是宋朝？因为按照佛历的纪年来说，唐朝之后佛法走向了衰败，就是佛在世，正法一千年，像法一千年，末法一万年。

但用此心　直了成佛

到了唐朝，正好离佛在世一千年，正法时期已经过去了，之后就到了像法时期。像法时期到什么时候呢？因为佛在世是两千五百年前，离我们现在五百年的时候，是明朝的末叶，明清以后佛教就进入末法时期。像法时期跟正法时期最大的区别，就是正法时期所有的佛弟子，言行举止真是子是子，卯是卯，说一不二，说二不一；师父对徒弟好，徒弟对师父也好，不会怀疑，同参道友之间也不会怀疑。既然出家了，一定就是个修道的人，不是说混到佛门里面来，换一身衣服，在那里跟人家吵闹，混取世间的名闻利养。或者有些居士以信众皈依三宝的名义，在里面满足或发泄世间的一些欲望。这种种乱象，也只有末法时期才能出现。正法时期修道人表里一致，对于这种直指见性，承当的力量是百分百的。像法时期也不一样，从六祖大师之后，很多的公案都是直指的。如果有机会讲起来，哪怕一天讲一个公案也讲不完，太多了！但总的原则就是六祖大师在《六祖坛经》里面讲的："何期自性，本自清净"，或者说"菩提自性，本来清净，但用此心，直了成佛"。

此心是什么心，就是这个心。现在我在这里讲话，你不需要去思考，不要去想，也没有什么对错好坏——就这个心。这个心，就是成佛的心，何等快捷！不管你过去修了多少苦行，学了多少教理，回归当下，就是这个心，没有第二个心。你脑子里面如果再去想，那已经是第二个心，甚至不知有多少个心了，那就是妄想了。所以"但用此心，直了成佛"。

当下的这个

整个宇宙生命当中，除了这个——当下的这个，别的都是枝末边事，只有这个是根本。诸位想想：从学佛到现在，无论你的人生是怎样的经历，无论你流浪了多远，无论你想了多少问题，碰到了多少困难，时时刻刻不离的就是这个——从来没有离开。不管痛苦也罢，幸福也罢，修道也罢，不修道也罢，这个没法离开。只有这个直了成佛，万变都不曾离开啊！明白了这个之后，日常生活，待人接物，全是随业受报，随缘而行，不需要有任何的多加造作。有知识你就做些有知识文化的事情，没知识你就做些没有知识文化的事情，种田就去种田，干什么都没有关系——"但用此心"。东方有圣人出，此心同，此理同；西方有圣人出，也是此心同，此理同——就这个是一样。如果你没有百分百的信心，没有把自己那些假设扔掉，听到这里，你的脑子里面又开始进行新的假设：那我是不是开悟了？我是不是变得比以前好了？我以前是不是学错了？在那里开始打妄想、下定义，又已经是离题万里了。

不明白当下，所有的定义都是局限、狭隘、片面的。但是狭隘也并不离当下，我在这里讲话，你们在这里听就是狭隘的，我在这个角度，你们在那个角度，却是不离当下，不离这个。明白了这个以后，你所有的片面、所有的狭隘，哪怕是一粒芝麻、一个细胞，哪怕是打一个妄想、写一个字，都具足当下的力量——都是这个。所以禅师通过直指悟道以后，满身的八万四千毛孔，就是八万四千张嘴，没有一张嘴不能说话的。讲法不光是嘴巴讲的，你的眼睛可以讲，耳朵可以讲，手可以讲，全身的毛孔都可以讲。不只是全身的毛孔可以讲，苏东坡说："溪声便是广长舌，山色无非清净身。"流水的声音，难道不是在说法吗？风吹雨打都是在说法啊，没有一个不是这个。对正法时期信心百分百具足的人来说，直指确实是人世间最伟大的一种教导，对生命的提升是立竿见影，单刀直入，不留后路，没有任何的后遗症。

不离不弃的这个

但是后来发现有问题了，有问题的不是这个法，是"会昌法难"之后，佛法被灭掉了一次，很多经典流传到海外去了。佛教遭到重创，众生福报不够，疑心开始生出来，不能当下承担了。因为他总想，承担总比原来要好，现在你说当下这个就是，没有好也没有坏，我如果见道了，说什么也该同原来不一样呀！其实，当下这个心，如果你真的体悟到了以后，就会知道不管跑到哪里，无论是天堂还是地狱，只有这个东西不会背叛你、离弃你；在凡夫不会减少，在圣人不会增加。人世间所有的东西都会离我而去，妄想的境界纷呈每一秒钟都在离我而去，身体的新陈代谢每一秒钟都在走向死亡，身边的哪一个人不是"不亡以待时尽"呢？彼此的相会哪一次不是走向分手的时刻呢？我们的每一秒钟都在跟对方分手，因为离死亡越来越近。可是当下这个心，无量劫来就从来不曾离开你，可以说，生命中真正不离不弃的只有它。我们流浪得太久太久了，只有在这里才能找到回家的感觉，其他的任何地方、任何时候都是在流浪。不要说师父讲法的时候，才回到家里，你的家不在别处，不在时间上，不在空间上。这个直指非常直截了当！

但是人总是听骗不听劝，疑心很重，为什么会怀疑？背后有利益心驱使。当一个修道的人被利益心驱使的时候，其实已经给自己上了圈套了。我们看悬梁自缢的人，他是怎么悬的？他要站在凳子上，用绳子把脖子套起来，最后用力把脚下的凳子踢开，这个时候他即便后悔也已经回不来了，就死翘翘了。当我们一念无明生起，当下"但用此心，直了成佛"的这个心，就被你一脚踢开了——开始向外去追求：求佛菩萨加持我吧，求师父开示一下吧，求我明天还要继续努力吧，等我的功德积聚完备，我就修行有成就了……总把希望寄托在未来，寄托在别人的身上。这个时候，你就像悬梁自缢的人，脚下的那个凳子已经被你踢开了，所以没有办法回来了。

扛着朝圣的旗帜流浪

怎么办呢？就是到了你有怀疑的时候，已经不再相信自己，生命中所有的妄想、概念全部去除掉后，那个现量昭昭的是什么？你没有办法把自己的心安住在这里，看个清清楚楚、明明白白，而是不死心地向外去追求一些有相的东西，以为这样就是规矩，这样就是功德，这样就是修行，这样就是成就。离开自己的心去寻找安心的地方，就好像扛着一面朝圣的旗帜，一路唱着流浪人的歌；心里向往着要朝圣，很精进、很勇猛，其实你一路走过来的妄想颠倒都是流浪人的歌，并不是回家的歌。

这个时候，你无法相信这么容易，你原来自己就在自己的家里，没有流浪，没有谁能够干扰到你，"但用此心，直了成佛"。没有人有办法把你压扁，没有人有办法把你缩小，没有人有办法把你爆炸，在当下就是这个样子。如果你一定要说它是什么样子，它就像虚空，但是我们一想到虚空，又有个虚空的样子。我们眼前的虚空还是有样子的，它连虚空的样子也没有。"但用此心"，就是这个心。因为它什么样子都没有，在利益冲昏了头脑的时候，我们就开始怀疑它了。就好像是家里的父母，把自己一点一点、一天一天、一年一年地养大，正常地给你饭吃，正常地给你水喝，正常地让你呼吸空气。因为每天都是父母亲供你养你，你长大了以后，居然觉得父母亲太没出息了，什么都没给你。很多叛逆的子女都会这样，以为父母亲什么都没给他，其实你的生命都是在他们的保护下才得以存活、得以成长的。

同样，直指我们当下的这个心，我们所有的能说、能听、能做任何事情，甚至能生气、能烦恼、能贪欲、能发大菩提心，全部都是用它，都是因为"但用此心"。没有这个心，全部都是像木头、石头、瓦块一样，根本就不是人。但人就是这么奇怪，一生当中最重要和最关键的不看、不信，就像叛逆的子孙——我们暂且不说他是不孝子孙——总是怀疑父母亲什么都没有为自己做。

为什么要参话头？

禅法进入宋朝之后，南宗顿悟禅法最大的突破就是参话头。什么是参话头？大慧宗杲禅师提出来，直指你，把如来藏性无价的宝藏拱手相让给你。拱手相让是一个方便说，就是告诉你无价的宝藏，生命中最核心的、最靠得住的、永远不会背叛你的是它。你要是想爱就只能爱它，其他的都靠不住。这个时候，因为它没有给你漂亮的衣服，没有给你美丽的风景，没有给你头脑刺激，没有给你视觉冲击，没有让你发疯……所以你觉得太平常了，没劲，没意思。最宝贵的东西，你居然觉得没意思，却不知道有意思的都是虚幻的假相。那你就先有意思去吧——你的六根生生世世都在追求六尘，一刻都不会停下来，心灵的渴求让生命像一个燃烧着大火的轮子，被欲望所驱使，没有办法停下来……

最宝贵的给你，觉得不够刺激，那是要命了。怎么办呢？所以大慧宗杲禅师提出来说：你参话头吧！参什么话头？父母未生前的本来面目是什么？你不是要修行，要了生死吗？那就看看拖死尸的是谁？这个死尸——我们的身体，每天要吃饭、穿衣、喝水，四大都是从自然界摄取过来的。我们吃的菜、粮食都是从泥土里长出来的，泥土就是地大，然后喝水、保暖、呼吸空气，将四大吸收过来，通过身体这台精密仪器的运作、变化和改造，改造好的继续再改造，改造不够好的排出体外，改造不了了就生病，不停地在变化，跟尸体没有什么区别。它实际上只是一个物质，可是这个物质为什么到了你的身上就变成一个人了？在泥土里种的为什么只是一棵菜？这个东西到底是谁？谁让你这个尸体被拖着走？你去参，去看看。

其实有一个简单的方法，就是观察你的身体：每一个细胞都各就各位，它们都自己管自己去了，然后你还有什么？本来告诉你这个就是，但是你不相信。不相信行啊，那你自己去看。为什么要自己去看？因为他有疑心，有了这个怀疑，问号一出来，就把自己的心灵遮住了，遮住了的这层就是我们的无明。本来直指是直接把遮住的这层无明捅破的，让你直接是感叹号，而不是问号，所以六祖大师开悟的那个话就是感叹号："何期自性，本自清净！何期自性，本不生灭！何期自性，本自具足！何期自性，本无动摇！何期自性，能生万法！"都是感叹号，太感叹了！太惊叹了！但是当你有疑问的时候，变成问号了，这说明你看不清楚它了，善根浅薄了。既然你有怀疑，就自己去看，那它就隔了这一层。因此，祖师大德是针对隔了这一层的凡夫根性对症下药的。

如灵猫捕鼠

大慧宗杲禅师的参话头，是让你全神贯注地盯着这个话的前头。虚云老和尚告诉我们：话头是什么？话没说出来之前的那个头。你要参就参那个。参就是参观、参究，要追根究底，我们修行想要成佛，想要了生死，想要开悟。你想开悟，那个想开悟的人是谁？我是谁？我们不能太快给自己下结论：这个身体是我，错了！身体新陈代谢，哪个是你？"我思故我在"，我有想法就是我，错了！想法随时在变，哪个是你？身体也不是，想法也不是，那什么是呢？

诸位能不能看到，念佛的是谁？要念阿弥陀佛，我还没念之前，准备要念，阿弥陀佛一念出来它又跑掉了，念出来已经过去了，那么准备念到底是什么？又没看见，一念阿弥陀佛它又没了。所以有一个比喻，如灵猫捕鼠。那个老鼠跑到洞里面去了，猫在洞口四脚抓地，全神贯注，尾巴翘起来盯着洞口，就待这个老鼠出来我就把它抓住。老鼠代表我们的妄想，那个老鼠还没出来之前，你就盯在那里看，老鼠一出来就跑掉了，抓它的尾巴是抓不住的。所以怎么参呢？当你念一句阿弥陀佛的时候，这个老鼠已经跑掉了，算了，前面已灭——前面那个老鼠已经跑掉了，后面那个老鼠还没有出来，还是盯在这里看……盯在这里的意思是，你不能让老鼠出来，因为老鼠一出来它就跑掉了，不能让它出来。念一句阿弥陀佛，念完以后，要看到自己想念还没念出来，盯着这个地方。

诸位试一下：想念还没念出来，要全神贯注地盯着自己，睁开眼睛不是看外面，是看自己——妄想没出来，它要是出来了，就不要再管它了。

话尾——过去心不可得

虚云老和尚说，当这句佛号念出来，再问刚才念佛的是谁，那已经是参话尾了。抓话的尾巴，话的尾巴还能抓得住吗？它自生自灭，早就灭掉了，你还抓啥抓，抓不住的。所以参话头，一定是参话的前头，就是当这个念头过去了，下一个念头还没有出来之前，盯住这里。盯住这里以后会怎么样？什么想法都没有了，背后又有一个蠢蠢欲动的东西，老是想打妄想的那个东西。妄想还没有打出来，但总是想打妄想，打了就让它过去，千万别抓住尾巴不放！你今天打了一个妄想：这个人真讨厌，可能又在整我了。这个已经是话尾了，话尾巴不知道溜到哪里去了，千万不要把它留住！过去心绝对不可得，你再把过去的想法想起来，那真是太愚蠢了。它的尾巴是抓不住的，你想起它的时候，已经是另外一个妄想了。比方说，我们念阿弥陀佛，阿弥陀佛、阿弥陀佛、阿弥陀佛……从来没有两个念头是一样的。一句阿弥陀佛念完，马上就过去了，下一句阿弥陀佛，是另外一个妄想。你千万不要说我一心不乱，就打了一个妄想，不是的。你妄想打得很快，阿弥陀佛、阿弥陀佛、阿弥陀佛，每一个念头，就像下雨一样，一阵一阵地就过去了。妄想很多，只是我们在佛号上打妄想，同其他的妄想是不一样的。

讲这个是要告诉你：参话头，一定要看到话的前面是什么。如果用教理来说，大家比较容易接受。因为第六识是妄想，妄想是怎么出来的？妄想是意根缘法尘才有意识，也就是说，意根是第七识，当你脑子里面碰到一个概念之后，才会有妄想出来。比如说，阿弥陀佛这个概念，我现在不动不念，没有概念；"我想念阿弥陀佛"，打了妄想，心里面那个意根它会缘到阿弥陀佛这个概念上，阿弥陀佛的形象就出来了。你不缘它，不攀缘、不接触，意根不去接触脑子里面的概念，这个时候就是参话头了。

妄想是从哪里出来的？就是意根缘法尘才出来的。所以脑子里面妄想多的人，真是不适合参禅。妄想如果太多了，赶紧念佛或者念念咒，念得自己精疲力尽，没心思去打妄想了，说不定还有进步。聪明反被聪明误，越是脑子聪明的人，脑瓜越会想，想、想、想出神经病了，走火入魔了。真正的参禅其实是件很轻松的事情，它不需要你想，想会很累很辛苦，会上火，会起急。但是当你没有想法的时候，真正的疑情起来了，心里比谁都清楚，比谁都轻松，淡淡地同时照顾到话头。

话头即第七识

禅宗祖师太厉害了，你看他用的比喻，说参话头就像母鸡孵小鸡，太贴切了！母鸡孵小鸡，抱着那个鸡蛋，一脚下去重了，鸡蛋破了，孵不出小鸡了；要是不孵，鸡蛋冷掉了，也孵不出小鸡。什么意思呢？这就是照顾话头。照顾是什么意思？给某某人打个招呼，这个人不太懂，你照顾照顾他——照着他还要顾着他，照着他就不能伤害他，顾着他又不能远离他，远了顾不着。你要照着它——照顾话头，所以像照顾一样地参，万一有概念出来呢？没事，它自己就会走了。妄想不用怕的，为什么不用怕？妄想一过来它自己就会走了。不要理你的妄想，要理你的话头，要参你的话头，不要参你的话。有个人参禅参话头，参念佛是谁。念佛是谁呀？念阿弥陀佛、阿弥陀佛、南无阿弥陀佛，什么意思呢？想了半天，终于得出了结论：南无阿弥陀佛，就是南方的阿弥陀佛，不是有个阿弥陀佛在西方么？真是胡思乱想，颠倒不堪！你得出任何结论，一高兴：师父，我终于明白了！明白了什么？你说还是不说？说，你就是打妄想；不说，就是不明白。怎么办？所以，参话头是让你在所有的话出来之前，教理上通达的人就明白，就是在第七识的这个地方。

　　第七识又好又坏。好，第七识就是我们的真心，是第八识的见分，了了分明的，就是我们能看、能听、能说的心。我在这里能说，你们能看到、能听到，这个功能是全方位的，没有形象，没有人我，没有是非，这就是我们的真心。直指指的就是这个，足够了。让你明白原来真心就是这个，万变不离其宗，生命的本原就是如此。但是，当你有了疑问以后，他就不告诉你这个就是你的真心了。为什么不告诉你了？因为你在这里跌倒了、摔跤了——凡夫的我执就是把第八识的见分执着为我。好端端的一个"何期自性，本自清净"，我们非要在清净的自性上面，又给它套上一个自我意识，瞎贴上一个标签，说那是我——我开悟了，我终于明白了，我在修行，我在受苦，我在这里。所以参禅的人就告诉你，你不要再我、我、我了，先看看你认为的那个"我"到底是什么？你所谓的痛苦，痛苦早都过去了，还在那里痛苦什么？你在那里讲道理，讲一大堆道理也没有用，因为讲道理的那个人是谁你都不知道，还讲什么道理？

当我们时时回到当下能看、能听、能闻的地方，一到这里，你会发现这个地方一尘不染，除非你自己去染那个尘，不去染这个尘，这个尘是没有办法的。换句话说，意根不会染尘，除非你硬去把这个尘抓过来。也就是说，脑子里面要是没有想到神经病的问题，你就不会得神经病；脑子里面要是没有想到痛苦的事情，你就不会痛苦；脑子里面没有想到快乐激动的事，你就不会激动——这个脑子指的就是第七识。平常我们打妄想的脑子指的是第六识，所以参禅的人比直指会慢半拍，原因是中间隔了一层我见。我们本参没有破，所以大慧宗杲禅师苦口婆心：你在这里盯住，盯久了，有一天你会心甘情愿地说，原来没有我呀！

现在告诉你，没有我！你信吗？你敢肯定吗？一点小事情在心里面都放不下，还肯定没有我。其实我得不得了，我得都不止一层薄纸了，比牛皮还厚。禅宗有一个比喻：参话头，好像一只苍蝇要穿过一层纸，一层外面有光进来的纸。这只苍蝇想从房间里面出去，没有光的地方它出不去，如果往墙上撞，撞死多少只苍蝇也出不去，怎么办？只能在有光的这层纸上撞。撞得很痛，撞也撞不出去，怎么撞好像还是老样子。终于有一天，拼足了力气，把吃奶的力量使出来，把整个娑婆世界，这一生的爱恨情仇、财色名利，所有的身家性命全部搭上了来撞，这一撞就有机会把这层纸撞破了，这叫破本参。你只有在有光明的这个地方去撞，才有机会撞出去。如果你往墙上撞，不要说带上这一生的身家性命，再带上无量劫的身家性命去撞，就像一只苍蝇撞墙，撞死也没用。所以世间很多人修法，修了很久，修来修去还是这个德行，只是造一些生死轮回的业。没办法，因为他没有找准方向。

了了分明　不离当下

参话头就参那个头上，只要你到了头上了，你盯到的就是那层纸。为什么说那是纸？你可以试一下："何期自性，本自清净"；"但用此心，直了成佛"——就是这个心，没有妄想的这个心，前面已断，后面没来，这个时候你的心是什么样？回光返照看自己，有本事你就看看——什么想法都没有。这个时候千万不能装聪明，你没那么聪明。这个时候心是什么样？这个时候，你的整个身心都是光明的，就这个时候——什么想法也没有。如果在生活当中真是这样子，人家可能会说你傻，有时候自己也觉得有点傻，好像什么都不知道。其实，这就叫大智若愚。因为他什么都知道，根本就不会不知道。诸位再来试一下：连微小的声音你都会知道，一个概念、一粒尘埃都没有，无法形容……这是光明。随时能够在这个份上，这样守住。其实守住不对，因为守住就像那只苍蝇趴在那层纸上，它守住这里不撞了，守在这里守到死，这层窗户纸它也透不过去。

为什么大慧宗杲禅师把宏智正觉大师的默照禅骂成叫默照邪禅？默就是沉默，照就是照在这里。刚才叫大家当下看，感觉好像很光明，身心一尘不染，觉得挺好的。平时如果累了，往那一坐，嗯，不错，身心很清净，甚至连清净的概念也没有，不需要清净不清净，它就是照住这里。为什么说是邪禅？因为照住这里他不参，以为这就是了，坏了！就是苍蝇趴在窗户纸上：哦，我已经见到光明了，因为我不在墙上，我现在有光明就够了。够了吗？不够！因为它没有破过去，真正的天地万物、日月天光一点都没有看见，傻乎乎的，所以这才叫默照邪禅。因为它是守住这里，默照了——照在这里以后，它不出去，它就邪了。

现在有人为默照禅翻案，说默照禅也很了不得，大慧宗杲的批评肯定是门户之见，其实是根本不懂得大慧宗杲禅师的良苦用心。你当下能在一念不生之前这里照住，信心具足，我执当下没有，那一把擒来确实就是你的真心——了了分明，不离当下，它就是心的真相。我们被一层我执障碍住了，把答案告诉你，但你没有信心，没有德行——无我要有无我的德行，解脱德——会觉得这个是无我了。这样子太快了，明天看到谁都不顺眼，我执是非烦恼就起来了。所以，在这个地方参禅，就是指点你无价宝藏，你直接用就是了。现在你有怀疑了，不能给你了怎么办？你自己先去流浪吧，先去赚钱，先去受苦。受够了苦，看尽了人世间的沧桑，知道了轮回的众多狭隘与局限，到最后你精疲力尽，想彻底放弃轮回，不想再要我了。这个时候，你才转过身来感叹：原来踏破铁鞋无觅处，得来全不费功夫，它就是无价宝藏啊！

就路还家最后一道门

参禅是从直指之后，在我们对自己、对师父、对正法没有足够信心的情况下，让你看到一道光明的最好方法。

你时时刻刻守住这里，按参禅的说法应该是参究这里，照顾话头，这样比较好；怕守住这里，得少为足，所以不能守。照顾这个话头，就要问这是谁？我看到窗户上的光，知道这是我整个生命中最光明的地方，那我就全神贯注地盯着这里，从这道光再继续追究，它的背后到底是什么？追究它的源头，我生命中的这道光是从哪里来的？窗户这层纸不会发光，那这个光是从哪里来的？是从外面照进来的吗？那我一定要找到光的源头。诸位，当我们的妄想全部停下来，你看当下的生命，过去所有的是非烦恼通通跟你无关。哪怕昨天你杀了人、放了火，造作了地狱业，现在当下看自己的心，地狱相有没有？天堂相有没有？所有一切相全部跟你无关啊！清净法身犹如虚空，原来我们的内心有这样的光明，你看着它。所有的念经、持咒、念佛，第六意识动脑筋想出来的所有东西，都是妄想，好的也是妄想，都不如这个地方亲近、光明。

因此，参禅能参起来，也是要中上根机的人，不是中上根机的人，也不知道怎么参。当你参到这里的时候，你可以跟生活当中其他的心态比较一下，如果人世间有哪一种心态比这个更加轻松、更加自在、更加光明、更加坦然、更加不受影响的，那我脑袋给你好了，绝对没有！要知道，这是就路还家的最后一道门，最后一张纸，也就是无明的那张纸。你能捅破它，问题就解决了，就破本参了。所以参禅就一定要盯在那里，要想到这个光的背后有问题，这叫疑情。一方面你要守住它，另一方面要透过它——参透！这是参话头的功夫。如果参话头你不会参的话，只能落入第六意识，念佛打妄想，那是后话。我们参禅的功夫就先讲到这里。

阿弥陀佛！